히구치 유미코의 자수 시간

다섯 가지 실로 즐기는 식물과 무늬

히구치 유미코 지음 | 강수현 옮김 | 헬렌정 감수

한스미디어

시작하며

이 책은 자수용 실을 주제로 저의 생각을 엮어낸 도안집입니다.

자수 실을 모아둔 상자 안에는
수많은 실들이 가지런히 줄지어 있습니다.
그중에는 즐겨 쓰는 실도 있고, 왠지 손이 덜 가는 실도 있지요.
즐겨 쓰는 실은 차츰 양이 줄어가고,
손이 덜 가는 실은 조용히 때를 기다립니다.

도안을 만들다 보면 시행착오가 무척 많습니다.
전체에서 세부로 진행했다가 다시 전체를 보며 조정하기도 하고,
또다시 세세한 부분을 살피며 다듬어갑니다.
다양한 색상의 실을 여러 번 조합해보며
시간을 들여 서서히 한 땀 한 땀 채워갑니다.
'즐겨 쓰는 실'과 '손이 덜 가는 실'이 한데 어우러지기 시작할 때,
비로소 나의 생각이 모습을 드러냅니다.

이렇게 정성껏 만든 도안으로는
마음껏 기분 좋게 수를 놓을 수 있어
흡족한 작품이 완성된답니다.

작은 도안은 가볍게 즐기는 마음으로 수를 놓아
곳곳에 소품으로 활용해보세요.
큰 도안은 도전정신으로 완성시켜
벽에 걸고 소중히 간직해보세요.

자수용 실은 색상도 풍부할 뿐만 아니라 소재와 굵기도 다양합니다.
같은 도안이라도 어떤 실을 선택하느냐에 따라 완성되는 작품도 달라지지요.
여러분이 좋아하는 실을 찾아보면 어떨까요.
이 책이 더욱 깊은 자수의 재미로 이어지기를 바랍니다.

히구치 유미코

Contents

Wool thread 굵은 울 실

7 / 64　Pansy bouquet
　　　　팬지 부케

8 / 65　Spring mood
　　　　봄기운

10 / 66　Asian flower
　　　　아시안 플라워

11 / 67　Antique flower brooch
　　　　앤티크 플라워 브로치

12 / 68　Cherry season
　　　　앵두

13 / 68　Blackberry
　　　　블랙베리

Wool thread 가는 울 실

15 / 69　Flower garden
　　　　꽃밭

16 / 70　Butterfly garden
　　　　나비의 낙원

18 / 71　Acorn
　　　　도토리

19 / 71　Flower tree
　　　　꽃나무

20 / 72　Hummingbird
　　　　벌새

21 / 73　Rose and little daisy pattern
　　　　장미와 작은 데이지 무늬

22 / 74　Red clover wreath
　　　　붉은 토끼풀 리스

23 / 73　Poodle
　　　　푸들

24 / 75　Soft wind
　　　　산들바람

25 / 76　Botanical garden
　　　　식물원

26 / 76　Botanical garden ver. 14 colors
　　　　14 색을 이용한 식물원

Cotton thread #25 25번 면실

29 / 77　Little flower wreath
　　　　작은 꽃 리스

30 / 78　Moroccan blue
　　　　모로칸 블루

31 / 79　Summer grass
　　　　여름풀

32 / 80　Square garland
　　　　스퀘어 갈런드

33 / 80　Square garland wedding ring cushion
　　　　스퀘어 갈런드의 웨딩 링 쿠션

34 / 81　Floral lace pattern
　　　　꽃무늬 레이스 무늬

35 / 82　Flower lace brooch
　　　　꽃무늬 레이스 무늬 브로치

36 / 78　Mini bouquet
　　　　미니 부케

37 / 83　Horse rider
　　　　말 타는 원주민

38 / 84　Modern flower
　　　　모던 플라워

Metallic thread 라메 실

41 / 85 Little flower pattern
작은 꽃무늬

42 / 85 Floral tile pattern
꽃 타일 무늬

43 / 86 Butterfly brooch
나비 브로치

43 / 87 Flower branch brooch
꽃가지 브로치

44 / 88 King of pigeons
비둘기 왕

Pearl cotton thread #8 코튼 펄 8번 자수 실

47 / 89 Funny flower pattern
재밌는 꽃무늬

48 / 90 Humorous bird
익살스러운 새

50 / 91 Coral pattern
산호 무늬

51 / 92 Coral forest
산호 숲

52 / 93 Paisley pattern
페이즐리 무늬

53 / 94 Indian SARASA pattern
인도 사라사 무늬

54 / 95 Flower rhythm
플라워 리듬

column

39 나의 자수 실 상자

How to make

56 Tools 도구

57 Materials 재료

58 스티치와 자수의 기본

63 브로치 만드는 법

Wool thread
굵은 울 실

울 실은 울을 자아서 만든 털실 같은 자수용 실입니다.
여기서 사용한 태피스트리 울 실(DMC)은 울 특유의 굵직하고 소박한 맛이 있는 실입니다.
넓은 면을 메우고 싶을 때나 강조하고 싶은 부분에 사용하면, 도톰하게 입체감이 생깁니다.
25번 면실과 조합하면 표현의 폭이 한층 넓어지지요.
가를 수 없는 울 실은 1겹 또는 2겹으로 사용합니다.
세탁을 할 때는 드라이클리닝이나 중성세제를 이용한 손세탁을 추천합니다.

Pansy bouquet
팬지 부케
Page.64

팬지와 열매, 풀꽃을 자수틀에 조화롭게 구성했습니다. 액자 대신 자수틀을 프레임으로 활용하는 아이디어입니다.

Spring mood
봄기운

Page.65

선명한 초록이 돋보이도록 차분한 노란색 가방에 풀꽃을 배치했습니다. 화이트나 그레이 백에도 잘 어울립니다.

Asian flower
아시안 플라워
Page.66

Antique flower brooch
앤티크 플라워 브로치

Page.67

붉고 큼직한 꽃이 인상적인 자수로 브로치를 만들었습니다. 아무 때나 옷에 달 수 있는 브로치는 자수와 궁합이 잘 맞는 핸드메이드 액세서리입니다.

Cherry season
앵두
Page.68

Blackberry 블랙베리
Page.68

Wool thread
가는 울 실

여기서는 영국의 애플톤 크루웰Appletons Crewel 실(애플톤 사)을 사용했습니다.
부드러운 질감을 가진 이 실로는 좀 더 세밀한 묘사가 가능합니다.
색상도 풍부하여 계절과 상관없이 사용할 수 있습니다.
발색이 뛰어나고 울 실을 처음 사용하는 사람도 다루기 쉬운 실입니다.
매끈한 25번 면실과 조합하면 한층 다채로운 표현이 가능합니다.
울 실은 꽃과 같이 강조하고 싶은 부분에 사용하는 것이 포인트입니다.
세탁할 때는 드라이클리닝이나 중성세제를 이용한 손세탁을 추천합니다.

Flower garden
꽃밭
Page.69

Butterfly garden
나비의 낙원

Page.70

귀여운 도안도 검은색 천에 수를 놓으면 어른스러운 분위기를 자아냅니다. 여기서는 헤어밴드에 수를 놓았지만 옷에 포인트로 수를 놓아도 예쁘답니다.

Acorn
도토리
Page.71

Flower tree
꽃나무
Page.71

지름 10cm 정도의 작은 자수틀 프레임은
문에 거는 장식이나 인테리어용 소품으로
도 제격입니다. 자수틀에 바니시를 발라
느낌을 살렸습니다.

Hummingbird
벌새
Page.72

Rose and little daisy pattern
장미와 작은 데이지 무늬

Page.73

Red clover wreath
붉은 토끼풀 리스

Page.74

Poodle
푸들
Page.73

Soft wind
산들바람

Page.75

Botanical garden

식물원

Page. 76

Botanical garden ver. 14 colors
14색을 이용한 식물원

Page.76

울 실의 입체감으로 생긴 음영과 25번 면실의 고급스런 광택이 주는 대비는 자꾸만 바라보고 싶을 만큼 아름답습니다. 한 땀 한 땀 정성스런 수작업으로 탄생하는 자수는 수놓는 동안에도, 또 완성된 뒤에도 기쁨을 안겨줍니다.

Cotton thread #25

25번 면실

6올의 가는 면실을 느슨히 합쳐 1가닥으로 만든 가장 대중적인 자수용 실입니다.
색상도 풍부한데, 그중에서도 프랑스의 DMC는
500가지 이상의 색을 갖추고 있습니다.
DMC의 면실은 아름다운 색상과 더불어 사용하기 쉬운 색상 조합이 매력적입니다.
25번 실은 사용하고 싶은 길이로 잘라 1올씩 풀어낸 다음,
필요한 올 수만큼 합치거나 갈라서 사용합니다.
실의 올 수로 굵기를 조정합니다. 한 번 풀었다가 다시 합쳐 사용하면
실의 결이 가지런해지고 고급스러운 광택의 질감이 생겨나 결과물이 한층 아름답게 완성됩니다.

Little flower wreath
작은 꽃 리스

Page.77

7가지 작은 꽃들을 연달아 수놓아 타원형 화환을 만들었습니다. 마음에 드는 타원형 자수틀을 활용한 디자인입니다.

Moroccan blue 모로칸 블루
Page.78

Summer grass 여름풀

Page.79

Square garland wedding ring cushion
스퀘어 갈런드의 웨딩 링 쿠션
Page.80

풀꽃으로 사각형을 수놓은 링 쿠션입니다.
사각형을 여러 개 연이어 배치하면 화려한
의상에도 잘 어울립니다. 링 쿠션 만드는 법
도 함께 소개했습니다(80쪽).

Floral lace pattern
꽃무늬 레이스 무늬

Page.81

Flower lace brooch
꽃무늬 레이스 무늬 브로치
Page.82

'꽃무늬 레이스 무늬'를 잘라내어 도자기 조각처럼 보이는 브로치로 만들었습니다. 담백한 색조가 어른스러운 옷차림에 제격입니다. 가장자리에 펄 비즈를 장식해도 예쁩니다.

Mini bouquet
미니 부케
Page.78

Horse rider
말 타는 원주민
Page.83

Modern flower
모던 플라워
Page.84

column

나의 자수 실 상자

저의 아틀리에에는 소중한 4단 나무 상자가 있습니다. 뚜껑을 열면 아름다운 DMC 25번 면실이 색깔별로 빼곡하게 담겨 있습니다. 색상별로 다 갖춰진 이 실들은 어머니께 물려받았습니다. 어머니께서는 과자 상자의 두꺼운 종이를 활용해 대지를 만들고 거기에 실을 감아 보관하셨습니다. 저도 그 방법대로 대지에 정성스레 실을 감아 사용하고 있지요. 이렇게 하면 자투리 실도 낭비할 일이 없습니다. 실은 햇빛에 색이 바래지 않도록 소중히 보관합니다.

실을 감는 대지(5×7cm)의 위아래에 가위집을 넣어 실 끝을 끼우는 것이 요령. 이렇게 하면 깔끔한 수납이 가능합니다. 대지에 색 번호를 기입하는 것도 잊지 마세요.

Metallic thread
라메 실

고급스럽고 아름다운 광택의 라메 실. 이번에 사용한 디아망Diamant(DMC)은
표면에 실리콘 가공이 되어 있어 기존 라메 실보다 매끄럽게 수가 놓이고
포인트로 조금만 사용해도 작품이 한층 화려해집니다.
1가닥(3올 합사) 상태로 감겨 있는데, 이 책에서는 1가닥을 그대로 사용했습니다.
25번 면실과 비교하면 약간 다루기 어려운 점도 있으므로,
번거롭더라도 짧게 잘라서 사용하는 편이 좋습니다.

Little flower pattern
작은 꽃무늬
Page. 85

Floral tile pattern
꽃 타일 무늬
Page.85

Butterfly brooch
나비 브로치
Page.86

라메 실로 꾸민 브로치 2점입니다. '나비 브로치'는 가장자리에 살짝, '꽃가지 브로치'는 전체적으로 라메 실을 사용했습니다. 어떻게 활용하는지에 따라 다양한 분위기를 연출할 수 있습니다.

Flower branch brooch
꽃가지 브로치
Page.87

King of pigeons
비둘기 왕
Page.88

은은한 광택감이 매력적인 블랙 라메 실을 사용하여 시판되는 바부슈babouche(슬리퍼형 실내화)에 자수를 놓았습니다. 너무 수수하지도 않고, 어른스러우면서도 캐주얼한 분위기로 완성되었습니다.

Pearl cotton thread #8

코튼 펄 8번 자수 실

1가닥 상태로 꼬아 놓은, 아름다운 펄의 반짝임을 지닌 면실입니다.
25번 면실보다 약간 두껍고 탄력이 있기 때문에,
심플하면서 존재감이 돋보이는 도안이나 기하학 무늬에 사용하기 좋습니다.
투박하고 캐주얼한 느낌을 살려 이국적이면서 여름의 계절감이 느껴지는 도안으로 만들었습니다.
가를 수 없는 1올 실이므로 1겹이나 2겹으로 사용합니다.

Funny flower pattern
재밌는 꽃무늬
Page.89

Humorous bird
익살스러운 새
Page.90

꽃무늬 도안 하나를 골라 헤링본 재질의 파우치에 수놓았습니다. 굵은 실은 스트라이프나 체크처럼 무늬가 있는 천에 사용해도 존재감이 잘 살아납니다.

Coral pattern
산호 무늬
Page.91

Coral forest
산호 숲

Page.92

남쪽 나라의 바닷속을 들여다보는 듯한
'산호 무늬'(50쪽)를 응용했습니다. 산호와
흰동가리를 자수틀에 어우러지게 배치했
습니다. 이대로 벽에 걸어 장식해보세요.

Paisley pattern
페이즐리 무늬
Page.93

Indian SARASA pattern

인도 사라사 무늬

Page.94

Flower rhythm
플라워 리듬
Page.95

수놓는 법의 기본과 도안

이 책에서 사용한 기본 스티치와 더불어 자수를 더욱 아름답게 완성시키는 요령과 브로치 만드는 법을 소개합니다. 64쪽부터 도안이 수록되어 있습니다.

Tools 도구

1. **초크 페이퍼**
   도안을 천에 베끼는 데 쓰는 복사지. 검은색과 같이 진한 색의 천에 도안을 베낄 때 흰색 초크 페이퍼를 사용합니다.

2. **트레이싱 페이퍼**
   도안을 베끼기 위한 얇은 종이.

3. **셀로판지**
   트레이싱 페이퍼가 찢어지는 것을 막기 위해 도안을 천에 베낄 때 사용합니다.

4. **트레이서**
   도안을 따라 그려 천에 베낄 때 사용합니다. 볼펜 등으로 대용 가능합니다.

5. **재단 가위**
   잘 드는 직물 전용 가위를 준비합니다.

6. **실 가위**
   끝이 뾰족하고 날이 얇은 타입이 사용하기 편합니다.

7. **송곳**
   잘못 수놓은 부분을 고칠 때 편리한 도구.

8. **실 끼우개**
   울 실처럼 굵은 실을 바늘구멍에 낄 때 사용합니다.

9. **바늘 & 핀 쿠션**
   굵은 울 실은 바늘구멍이 긴 셔닐 바늘 또는 태피스트리 바늘을, 그 외의 실은 프랑스 자수바늘을 사용합니다. 실의 올 수에 따라 적합한 굵기가 있습니다.

10. **자수틀**
    천을 팽팽하게 펴기 위한 틀. 틀의 크기는 도안 사이즈로 구분하여 사용하는데, 잡았을 때 중앙까지 손가락이 닿을 정도로 자그마한 것을 추천합니다 (10cm~10.5cm 정도).

Materials 재료

자수용 실

이 책에서는 25번 면실, 태피스트리 울 실, 코튼 펄 8번 자수 실, 디아망(이상 DMC 제품), 애플톤 크루웰 울 실(애플톤 사 제품), 5종류의 실을 사용했습니다. 사용하는 실과 실의 올 수에 따라 바늘을 바꾸면 수놓기가 한결 수월해집니다.

각 실의 겹 수와 추천 바늘

실의 종류	실의 겹 수	추천 바늘
태피스트리 울 실	1겹 또는 2겹	셔닐 바늘(DMC) No.22 리본 자수바늘 No.20 또는 No.18
애플톤 울 실	1겹 또는 2겹	프랑스 자수바늘 No.7
25번 면실	1겹부터 6겹	프랑스 자수바늘 No.3~No.7
라메 실(디아망)	1겹	프랑스 자수바늘 No.5 또는 No.7
코튼 펄 8번 자수 실	1겹 또는 2겹	프랑스 자수바늘 No.5 또는 No.3

* 지정하지 않은 바늘은 클로버 사용.

천

이 책의 작품은 리넨으로 만들었습니다. 평직 리넨은 수놓기 편할 뿐만 아니라 세탁이 가능하고 감촉도 좋아서, 자수를 즐기기에 안성맞춤인 소재입니다. 리넨은 원단을 재단하기 전에 세탁을 거쳐 천의 올이 균등해지도록 정돈한 후 그늘에서 말립니다. 완전히 마르기 전에 가볍게 누르듯이 다림질을 해주면 좋습니다.

스티치와 자수의 기본

이 책에서 사용한 10가지 스티치와 예쁘게 수놓는 요령을 소개합니다.

Straight stitch 스트레이트 스티치

짧은 선을 표현할 때의 스티치.
실의 올 수에 따라 느낌이 달라집니다.

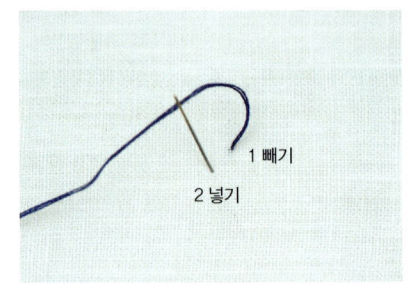

Outline stitch 아우트라인 스티치

가장자리를 두르거나 줄기, 가지 등을 표현합니다.
곡선 부분에서는 바늘땀을 작게 뜨면
예쁘게 완성됩니다.

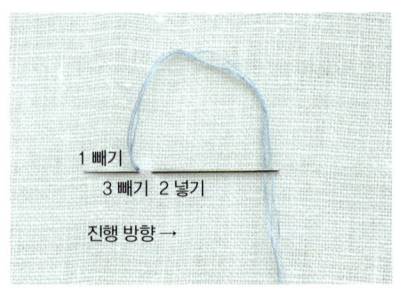
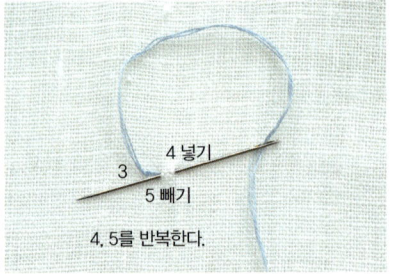

Running stitch 러닝 스티치

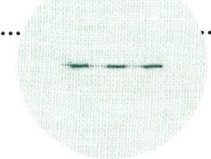

점선을 표현하는 스티치.
바느질의 홈질과 같은 요령으로 놓습니다.

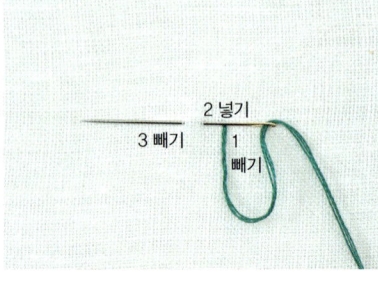
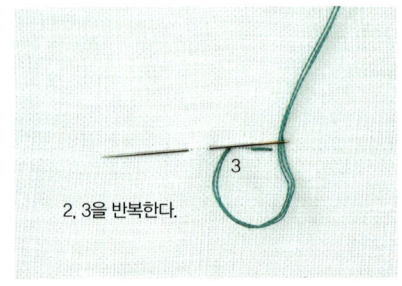

Back stitch 백 스티치

재봉틀 바늘땀처럼 선이 이어집니다.
면을 메울 때는 번갈아 반 폭씩
엇갈리게 수놓습니다.

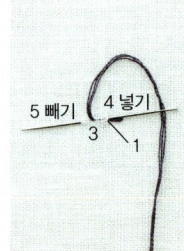
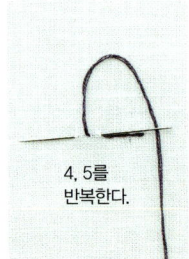

Point

면을 수놓아 메울 때는 바늘땀의 크기를 일정하게 하여, 벽돌을 쌓듯이 반 폭씩 엇갈리게 스티치를 놓는다.

Chain stitch 체인 스티치

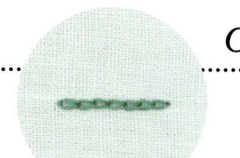

사슬 모양을 연결하여 선이나 면을 표현합니다.
실을 바짝 당기지 않아 사슬이 통통해지게 하면서
크기를 일정하게 놓는 것이 요령입니다.
Point 면을 수놓아 메울 때는 틈이 생기지 않도록 한다.

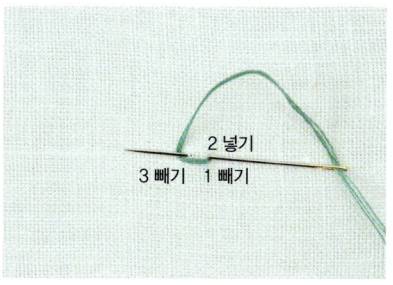
2 넣기
3 빼기 1 빼기

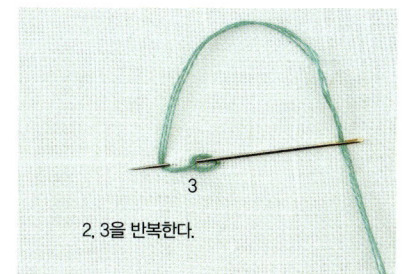
3
2, 3을 반복한다.

French knot stitch 프렌치 너트 스티치

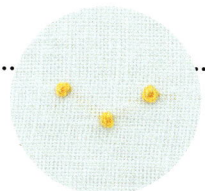

2번 감기가 기본으로,
크기는 실의 올 수와 바늘의 굵기로 조정합니다.
찌그러지기 쉬우므로 마지막에 수놓습니다.

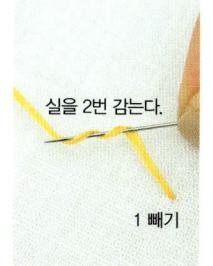
실을 2번 감는다.
2 넣기 1
1 빼기

감은 실을 손가락으로
누르면서 2로 넣는다.

2
실을 당긴다.

손가락으로 누르면서
실을 밑으로 당긴다.

Satin stitch 새틴 스티치

실을 평행으로 배치시켜 면을 메우는 스티치.
실의 꼬임을 풀고 결을 가지런하게 맞추어
수놓으면 한결 깔끔합니다.

1 빼기
2 넣기

1, 2를 반복한다.

Long and short stitch 롱 앤 쇼트 스티치

길고 짧은 스티치를 놓아
면을 메우는 스티치.
부채꼴 모양의 꽃잎 등에 사용합니다.

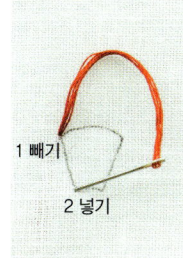
1 빼기
2 넣기

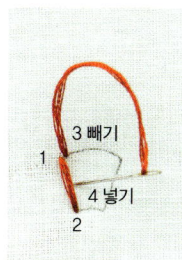
3 빼기
1
4 넣기

5 빼기
2
6 넣기

긴 땀과 짧은 땀을
반복한다.

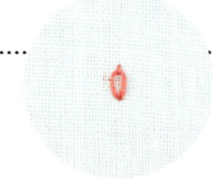

Lazy daisy stitch 레이지데이지 스티치

작은 꽃의 꽃잎이나 잎 등의 작은 무늬를
표현할 때 사용하는 스티치.
실을 바짝 당기지 않고 느슨하게 놓습니다.

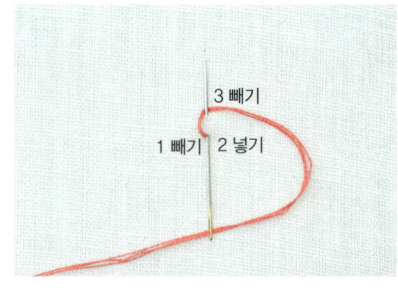
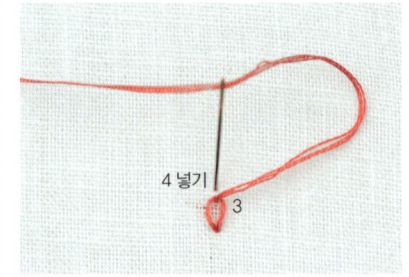

Lazy daisy stitch + Straight stitch 레이지데이지 스티치 + 스트레이트 스티치

레이지데이지 중앙으로 실을 1~2번 통과시켜
입체감 있는 타원을 표현합니다.

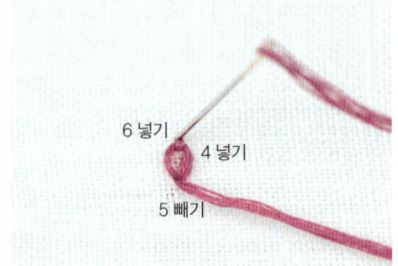

{ 새틴 스티치와 롱 앤 쇼트 스티치를 예쁘게 수놓는 요령 }

모양이 약간 복잡한 꽃잎이나 잎과 같은 면을 메울 때는
가운데부터 수를 놓기 시작하면 균형 잡기가 쉽고 아름답게 완성됩니다.

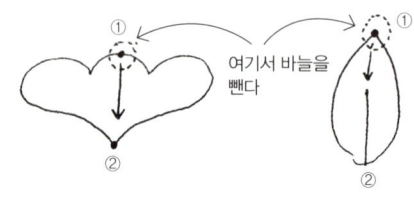

꽃잎은 기본적으로 바깥 선에서 꽃 중앙을 향해 방사형으로 수놓으며 면을 메웁니다. 잎도 중앙의 뾰족한 끝부분에서 중심을 향해 새틴 스티치를 놓기 시작합니다.

{ 모서리를 예쁘게 수놓는 아웃라인 스티치 }

아웃라인 스티치로 직각(또는 그에 가까운 각도)을 표현할 때는
모서리로 바늘을 넣고 뒤쪽 스티치로 바늘을 통과시켜서
실이 빠지지 않도록 합니다.

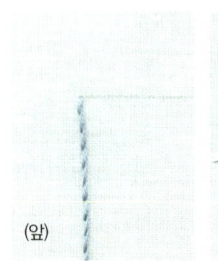
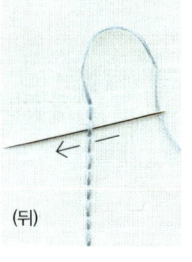
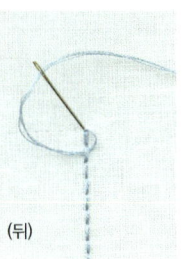

(앞) (뒤) (뒤) (앞)

{ 모서리를 예쁘게 수놓는 체인 스티치 }

체인 스티치로 모서리까지 간 다음에는
일단 마무리하고 각도를 바꾸어 다음 선에
수를 놓습니다.

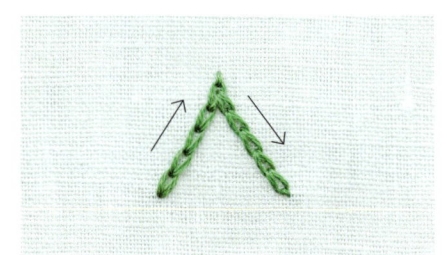

{ 2가지 색을 섞어서 수놓기 }

2가지 색상의 실을 2겹으로 잡아 수를 놓습니다. 프렌치 너트 스티치로 놓으면 색이 혼합된 듯이 보여 표현의 폭이 넓어집니다.

1 2가지 색상의 애플톤 울 실을 1올씩 가지런히 준비한다.

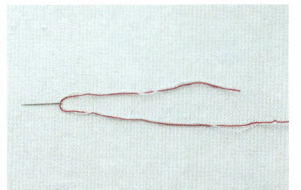

2 바늘에 *1*의 실 2올을 한데 모아 바늘에 꿴다. 한쪽 실 끝에 매듭을 짓는다.

3 자수를 놓는다.

{ 천 끝단 처리하기 }

수놓는 동안 올이 풀리지 않도록 천 끝단을 처리해두면 작업이 더욱 순조롭습니다.

올이 촘촘한 천: 각 변의 올을 조심스럽게 뽑아, 네 변의 끝단을 0.5cm 정도씩 푼다.

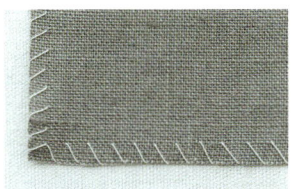

올이 성긴 천: 네 변의 끝단을 성글게 감친다. 핑킹가위로 재단해도 깔끔하다.

{ 도안 베끼는 법 }

천에 도안을 베낄 때는 천의 올 방향이 기울어지지 않도록 도안을 씨실과 날실에 맞추어 배치합니다.

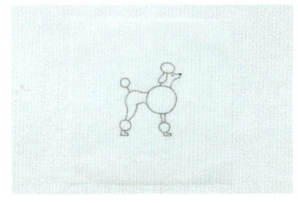

1 도안에 트레이싱 페이퍼를 올리고 베낀다.

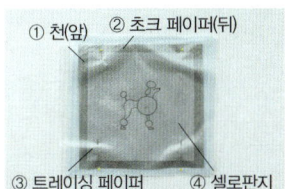

① 천(앞) ② 초크 페이퍼(뒤)
③ 트레이싱 페이퍼 ④ 셀로판지

2 사진의 순서대로 겹쳐 시침핀으로 고정한 다음, 트레서로 도안을 따라 그린다.

{ 실 다루는 법 01 }

25번 면실은 지정된 올 수만큼 1올씩 뽑아 이를 한데 모아서 사용합니다. 그렇게 하면 꼬임이 풀리고 실의 결이 가지런해집니다.

1 타래 안쪽에 있는 실 끝을 손가락으로 잡고 60cm 정도 잡아 당겨 실을 자른다.

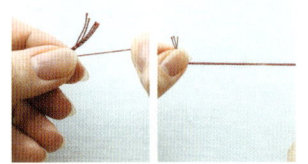

2 1올씩 필요한 올 수를 뽑아 가지런히 모은다.

{ 실 다루는 법 02 }

필요한 올 수의 실을 가지런히 모아 바늘구멍에 꿰는데, 이때 필요한 올 수가 짝수인지 홀수인지에 따라 방법이 다릅니다.

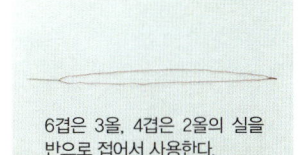

6겹은 3올, 4겹은 2올의 실을 반으로 접어서 사용한다.

짝수일 때: 2겹은 1올의 실을 바늘에 꿰어 반으로 접고, 양쪽 끝을 맞추어 매듭을 만든다.

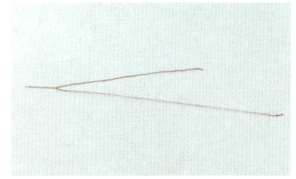

홀수일 때: 필요한 올 수만큼 준비해서 가지런히 모아 바늘에 꿰고 한쪽 끝에 매듭을 만든다.

{ 매듭 } 자수를 시작할 때는 실 끝에 매듭을 만듭니다.

1 바늘에 실을 꿴 다음, 실 끝에 바늘 끝을 가져다 댄다.

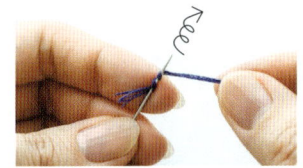

2 바늘 끝에 실을 2번 감는다.

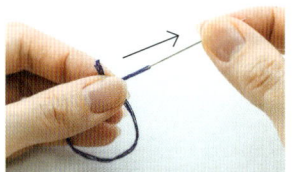

3 실을 감은 부분을 손가락 끝으로 꼭 잡고 바늘을 뺀 다음, 매듭이 실 끝으로 갈 때까지 그대로 당긴다.

{ 자수 시작하기 01 }

스트레이트, 아우트라인, 러닝, 백, 체인, 레이지데이지 등의 스티치로 선을 표현할 때 자수를 시작하는 방법입니다.

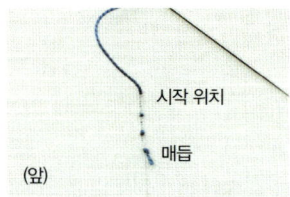 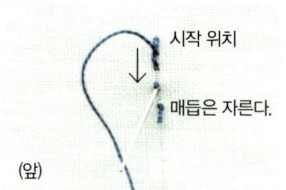

1 스티치의 시작 위치를 향해 도안 선 위에 반박음질로 몇 땀을 뜬 다음, 시작 위치에서 실을 뺀다.

2 1의 바늘땀에 겹치듯이 지정된 스티치를 놓고 매듭은 자른다.

{ 자수 시작하기 02 }

새틴, 롱 앤 쇼트 등의 스티치로 면을 메울 때 자수를 시작하는 방법입니다.

1 스티치의 시작 위치를 향해 도안 선 안에 반박음질로 몇 땀을 뜬 다음, 시작 위치에서 실을 뺀다.

2 1의 바늘땀을 덮듯이 지정 스티치를 놓고 매듭은 자른다.

{ 자수 끝내기 01 }

스트레이트, 아우트라인, 러닝, 백, 체인, 레이지데이지 등의 스티치로 선을 표현할 때 마무리하는 방법입니다.

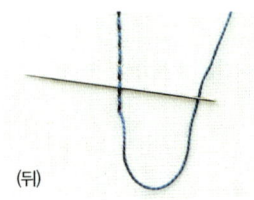 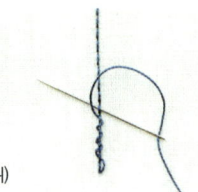

1 뒷면으로 실을 빼서 스티치에 몇 번 실을 감는다.

2 실 끝을 자른다.

{ 자수 끝내기 02 }

새틴, 롱 앤 쇼트 등의 스티치로 면을 메울 때 마무리하는 방법입니다.

1 뒷면으로 실을 빼서 스티치 밑으로 실을 통과시켜 뺐다가 되돌아온다.

2 실 끝을 자른다.

{ 실을 바꿀 때 }

실을 바꾸거나 줄기에 가지를 더할 때처럼, 이미 스티치가 있을 때 다시 시작하는 방법입니다.

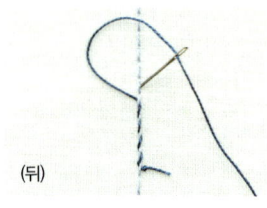

매듭지은 실을 뒷면의 스티치 부분에 휘감고, 시작 위치에서 실을 뺀다. 매듭은 나중에 자른다.

자수틀은 팽팽하게 고정해주세요.

자수틀에 천을 고정할 때 느슨하게 고정하면 천이 늘어져 불필요한 주름이 생깁니다. 조임쇠를 단단히 조여 천을 팽팽하게 펴고 수를 놓아주세요. 자수틀 안쪽 틀에 바이어스로 재단한 천(흰색 추천)을 감아두면 미끄러짐이 방지됩니다. 감은 천 끝부분은 안쪽에 감침질로 고정합니다. 또한 큰 도안은 자수틀의 위치를 바꿔가며 수놓습니다. 수놓은 부분을 틀에 끼울 때는 천을 대거나, 모양이 찌그러지기 쉬운 새틴 스티치와 프렌치 너트 스티치 부분은 피하는 것이 좋습니다.

{ 작품이 완성되면 }

수를 다 놓았으면 정성스럽게 뒷마무리를 해주세요. 작품이 한층 돋보입니다.

1 도안 자국을 지운다

천 뒤쪽에서 물을 뿌려 스티치 밖으로 삐져나온 자국을 지운다(물로 지워지는 타입일 때). 세밀한 부분은 물을 묻힌 면봉을 사용한다.

2 다림질을 한다

자국이 지워진 것을 확인한 다음, 뒤쪽에서 가볍게 다림질한다. 입체적인 스티치는 찌그러지기 쉬우므로, 작품 밑에 수건을 깔고 위에서 다림질한다. 도안 자국이 남은 채로 다림질을 하면 잉크가 천에 물들 수 있으므로 주의한다.

완성한 작품은 소품으로 만들 수도 있고 액자에 넣거나 패널에 붙일 수도 있습니다. 이 책에서는 자수틀에 끼워 장식하는 '자수틀 프레임' 만드는 법(64쪽)도 소개합니다. 보관할 때는 색이 바래지 않도록 습기가 없고 햇빛이 닿지 않는 곳에 보관해주세요.

브로치 만드는 법

'나비 브로치'(43쪽)를 예로 들어 단계별로 소개합니다.
같은 방법으로 다른 브로치도 만들 수 있습니다.

재료

자수용 천 15×15cm 정도
퀼트 솜(없으면 수예용 솜)
두꺼운 종이
두꺼운 펠트
＊가죽으로 만들어도 예쁩니다.
길이 2.5cm의 브로치 핀(골드)
손바느질 실
수예용 접착제

〈비즈를 바느질해서 붙일 때〉

비즈는 브로치를 완성한 다음에 붙입니다. 바늘을 앞으로 뺀 다음 비즈를 1알 끼워 백 스티치로 바느질하는 과정을 반복합니다. 바늘은 비즈 구멍을 통과하는 굵기의 프랑스 자수바늘이나 비즈 자수바늘을 사용합니다.

1 천에 자수를 다 놓고 뒤쪽에서 가볍게 다림질로 천의 주름을 편다.

2 두꺼운 종이와 퀼트 솜을 종이 본 크기대로 오린다. 두꺼운 종이를 2~3장 준비해서 겹치면 강도가 더욱 높아진다.

3 펠트는 종이 본보다 0.5cm 작게 자르고, 브로치 핀을 바느질로 붙인다.

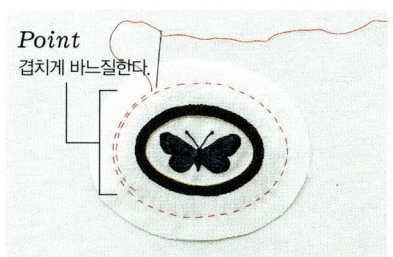

Point 겹치게 바느질한다.

4 1의 천을 종이 본보다 약 2cm 바깥쪽으로 빙 둘러 자르고, 천 끝에서 약 1cm 위치에 손바느질 실로 한 바퀴 홈질을 한다. 실과 바늘은 그대로 남겨둔다.
＊알아보기 쉽게 빨간색 실 사용.

5 자수 천을 뒤집고, 자수가 알맞은 위치에 오게 한 다음 2의 퀼트 솜과 두꺼운 종이를 순서대로 겹친다. 퀼트 솜은 기호에 따라 2~3장 넣으면 도톰한 브로치가 된다.

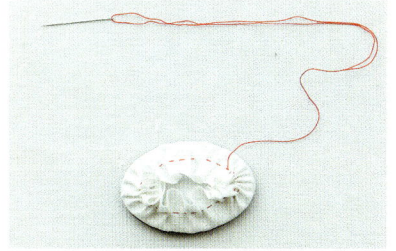

6 홈질한 실을 세게 잡아당겨 천을 조이고 한 차례 매듭을 짓는다(실과 바늘은 그대로 남겨둔다). 솜과 두꺼운 종이가 이긋나지 않게 모양을 정돈해준다.

7 여분의 천 끝은 잘라낸다. 이때 홈질한 부분의 실을 자르지 않도록 주의한다.

8 6에서 남겨둔 실로 위아래를 바느질하고 다시 당겨서 조인 다음, 매듭을 짓고 실을 자른다. 3의 펠트 뒷면에 수예용 접착제를 살짝 바른다.

9 브로치 뒤쪽에 펠트를 올리고 빙 둘러 감침질로 붙인다.

완성

Pansy bouquet 팬지 부케

Page.7

새틴 스티치가 많은 상급자용 도안이지만
굵은 울 실을 사용해 면을 메우기 쉽습니다.
소박한 느낌과 입체감이 돋보입니다.

※ DMC 태피스트리 울 실은 전부 1겹.
※ S는 스티치의 약자, ( ) 안의 숫자는 실의 올 수, T가 붙는 색 번호는 DMC 태피스트리 울 실, 그 외는 DMC 25번 면실.

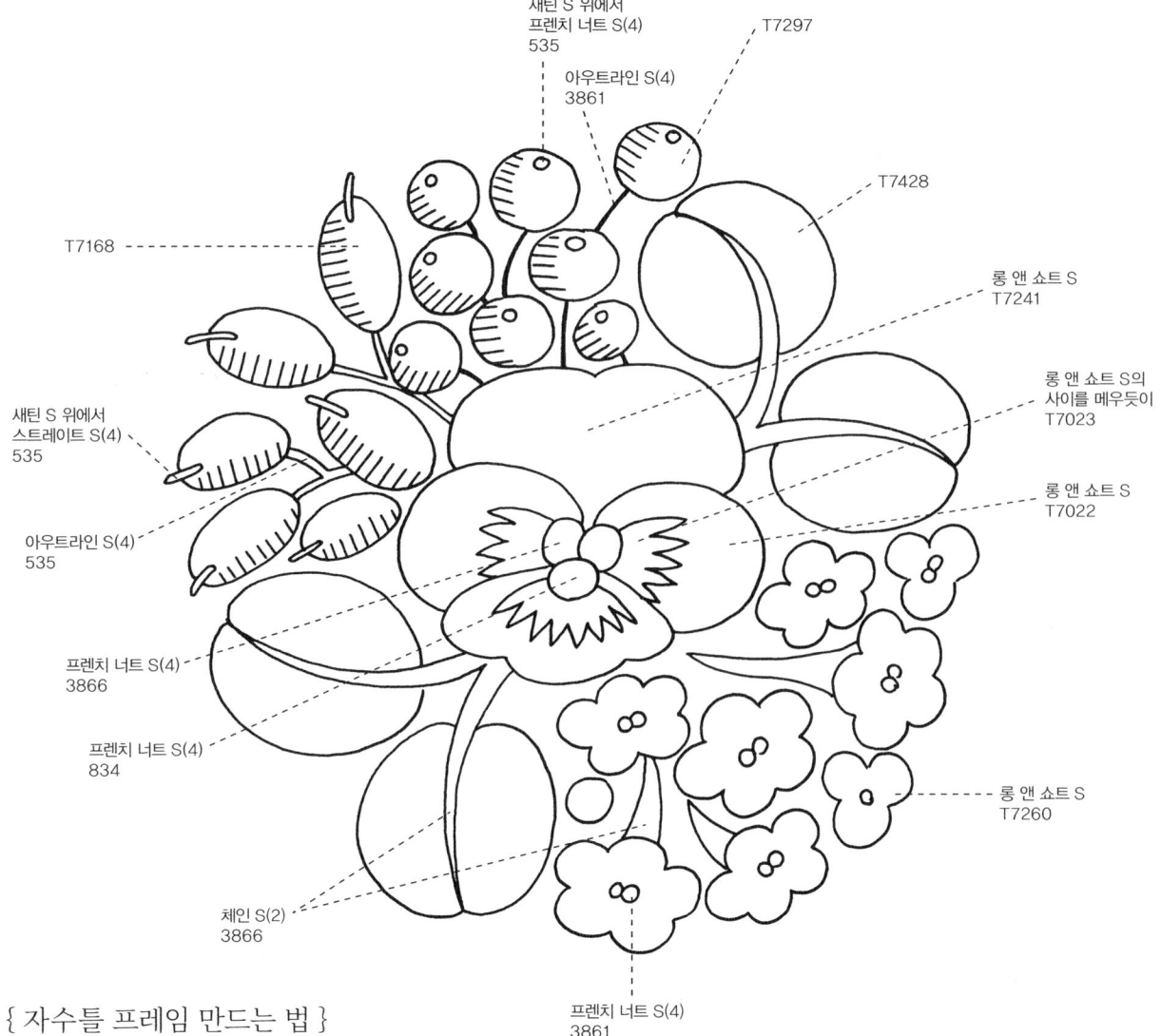

새틴 S 위에서 프렌치 너트 S(4) 535
아우트라인 S(4) 3861
T7297
T7168
T7428
롱 앤 쇼트 S T7241
롱 앤 쇼트 S의 사이를 메우듯이 T7023
새틴 S 위에서 스트레이트 S(4) 535
롱 앤 쇼트 S T7022
아우트라인 S(4) 535
프렌치 너트 S(4) 3866
프렌치 너트 S(4) 834
롱 앤 쇼트 S T7260
체인 S(2) 3866
프렌치 너트 S(4) 3861

{ 자수틀 프레임 만드는 법 }

자수틀을 액자 대신 사용하여 장식할 때는
뒷면을 깔끔하게 정리해주세요.

1. 자수 놓은 천을 자수틀에 균형을 맞추어 끼우고, 틀보다 3cm 정도 바깥쪽을 빙 둘러 자른다.

2. 천 끝에서 1cm 정도의 위치를 손바느질로 한 바퀴 홈질을 한 다음, 안쪽 틀이 감춰지도록 실을 당겨 조인다(63쪽 순서 4, 6과 같은 요령).

3. 실을 마무리했으면, 자수틀보다 조금 작게 자른 펠트(2의 홈질이 가려지는 크기)를 뒤쪽에 대고 시침핀으로 고정한 다음, 빙 둘러 감침질로 붙인다.

Spring mood 봄기운

Page.8

돋아나는 봄기운을 선명한 녹색 계열과 산뜻한 노란색 계열의 풀꽃으로
표현했습니다. 굵은 울 실을 사용했지만, 차가운 계열의 색깔을
조합했기 때문에 초봄에도 즐기기에 충분합니다.

※ DMC 태피스트리 울 실은 전부 1겹.
※ 줄기의 굵은 선은 아웃라인 S(6), 가는 선은 아웃라인 S(2)로 놓는다.
※ S는 스티치의 약자, ( ) 안의 숫자는 실의 올 수, T가 붙는 색 번호는 DMC 태피스트리 울 실, 그 외는 DMC 25번 면실.

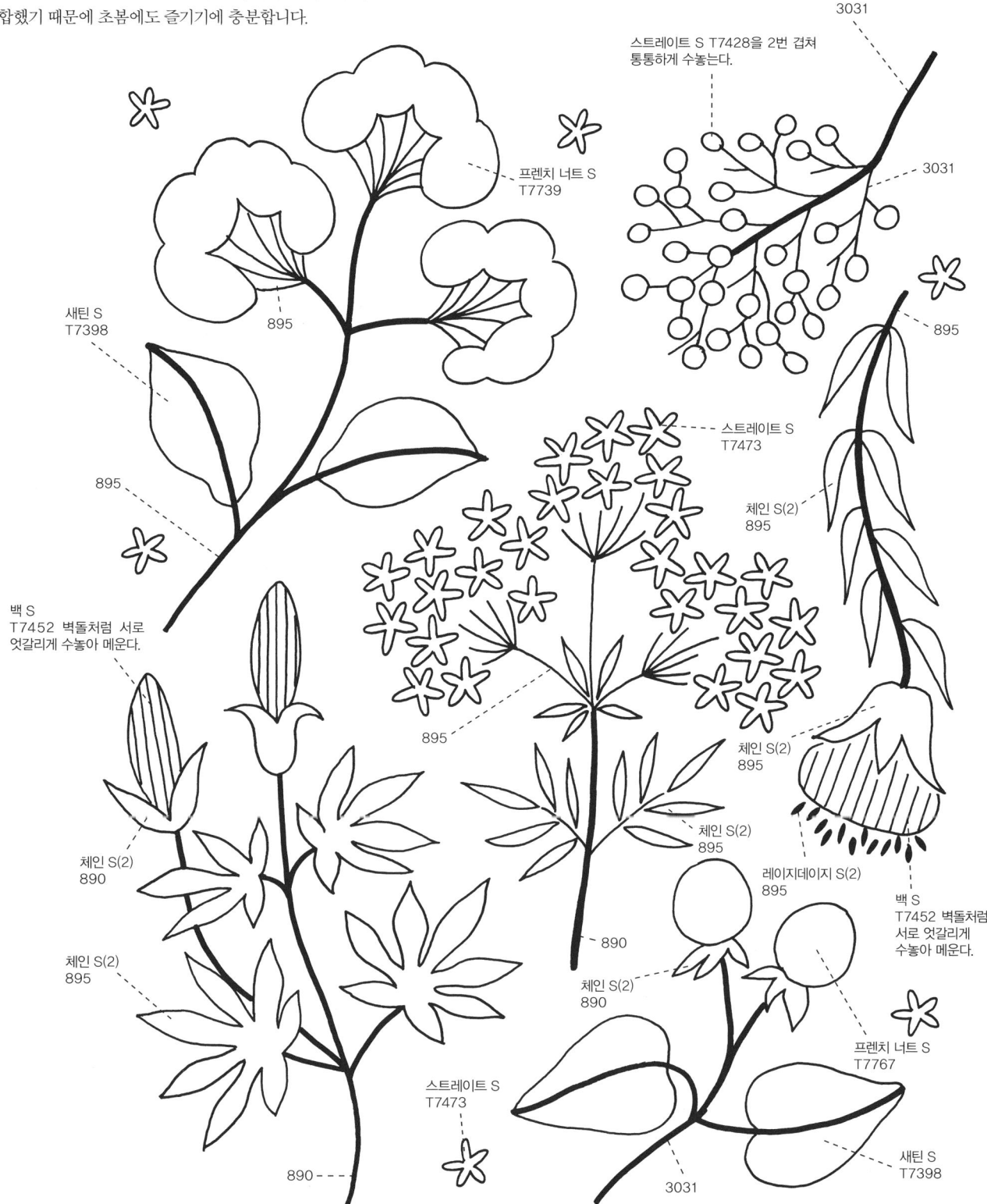

Asian flower 아시안 플라워
Page.10

아시아의 민속의상에서 영감을 받은 도안입니다.
대담하고 화려한 색감으로 꾸몄습니다.
울 실과 25번 면실의 조합으로 입체감 있게 완성되었습니다.

※ 지정 이외는 새틴 S(1).
※ S는 스티치의 약자. ( ) 안의 숫자는 실의 올 수, T가 붙는 색 번호는
    DMC 태피스트리 울 실, 그 외는 DMC 25번 면실.

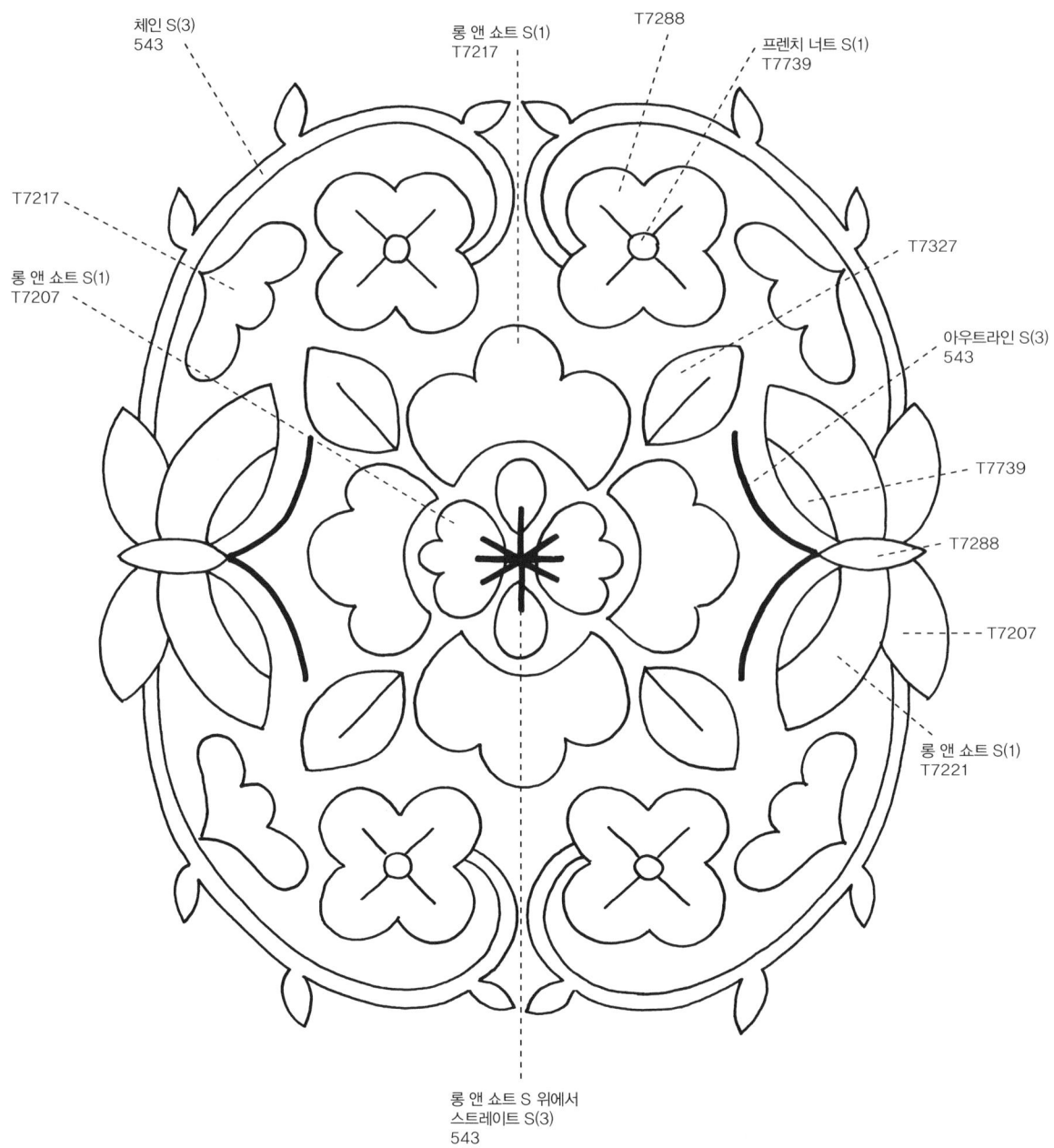

Antique flower brooch 앤티크 플라워 브로치

Page.11

꽃은 색감을 절제하여 어른스러운 레트로 느낌으로 디자인했습니다.
좋아하는 비즈를 둘레에 장식하여 화려하게 꾸며도 좋습니다.
브로치 만드는 법은 63쪽을 참조하세요.

※ 지정 이외는 실 6겹.
※ S는 스티치의 약자, ( ) 안의 숫자는 실의 올 수, T가 붙는 색 번호는
   DMC 태피스트리 울 실, 그 외는 DMC 25번 면실.

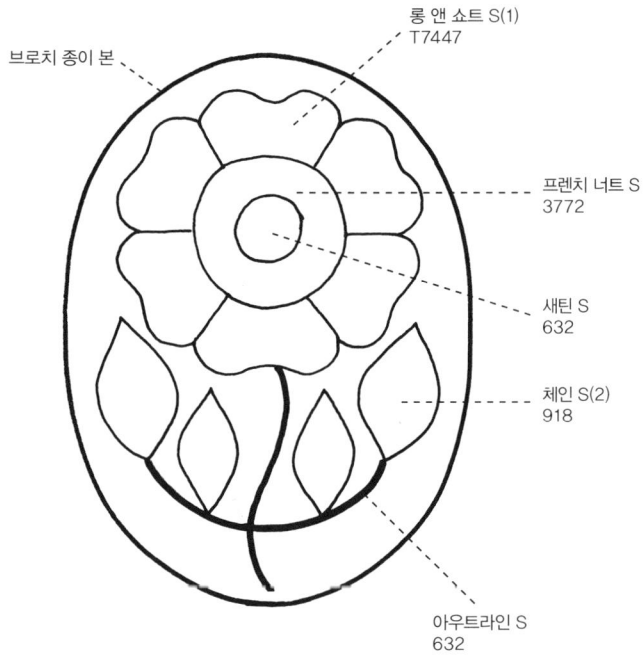

브로치 종이 본

롱 앤 쇼트 S(1)
T7447

프렌치 너트 S
3772

새틴 S
632

체인 S(2)
918

아우트라인 S
632

Cherry season 앵두

Page.12

하늘색 천에 두드러지는 선명한 색깔의 앵두를 수놓습니다.
울 실로 볼록하게 수를 놓아 귀여움이 돋보이는 도안입니다.
작품 사진처럼 늘어놓으면 연속무늬가 됩니다.

※ S는 스티치의 약자, ( ) 안의 숫자는 실의 올 수,
　T가 붙는 색 번호는 DMC 태피스트리 울 실,
　그 외는 DMC 25번 면실.

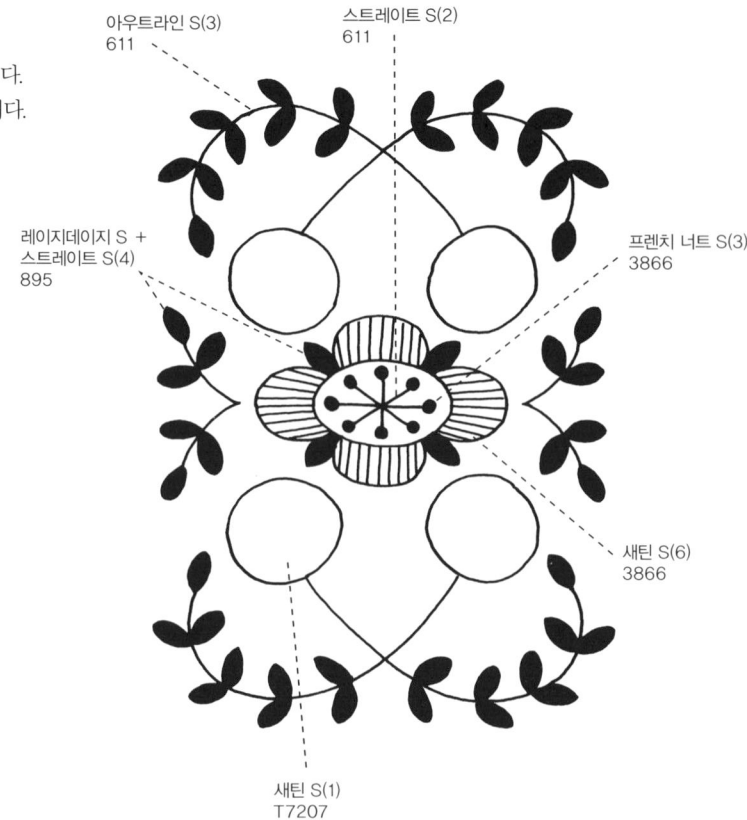

Blackberry 블랙베리

Page.13

프렌치 너트 스티치로 표현한 작은 블랙베리가 가득합니다.
차분한 색감의 풍성한 느낌을 주는 연속무늬입니다.

※ 전부 실 2겹.
※ S는 스티치의 약자, T가 붙는 색 번호는 DMC 태피스트리 울 실,
　A가 붙는 색 번호는 애플톤 울 실, 그 외는 DMC 25번 면실.

Flower garden 꽃밭

Page.15

꽃이 춤추는 모습을 무늬로 표현했습니다.
연하고 부드러운 색감이 잘 어울립니다.
줄기 등에는 25번 면실을 사용하여 꽃의 입체감을 한층 살렸습니다.

※ 지정 이외는 실 2겹.
※ 줄기는 전부 아우트라인 S(2) 646.
※ S는 스티치의 약자, ( ) 안의 숫자는 실의 올 수.
  A가 붙는 색 번호는 애플톤 울 실,
  그 외는 DMC 25번 면실.

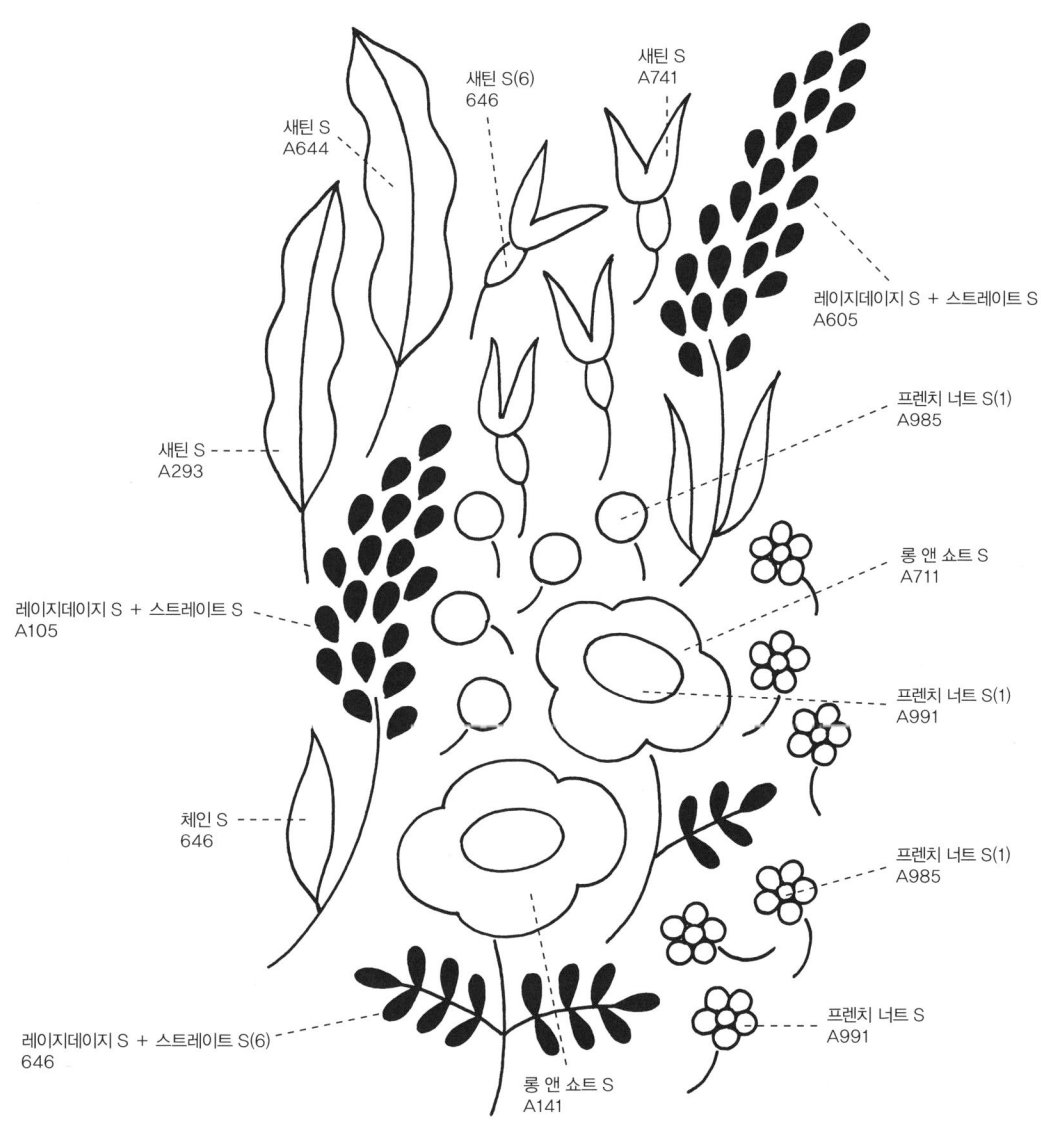

Butterfly garden 나비의 낙원

Page.16

나비가 춤추는 낙원을 사랑스러운 느낌으로 표현했습니다.
꽃 부분은 러프하게 수놓아도 귀엽게 완성된답니다.

※ 지정 이외는 아우트라인 S.
※ S는 스티치의 약자, ( ) 안의 숫자는 실의 올 수, A가 붙는 색 번호는 애플톤 울 실, 그 외는 DMC 25번 면실.

스트레이트 S(2)
501

(2) 501

레이지데이지 S + 스트레이트 S(1)
위부터
A181
A711
A713
A148

(6) 501

(1) A741

체인 S(2)
502

(4) 501

체인 S(2)
501

프렌치 넛 S(2)
위부터
A984
A985
A713
A148

체인 S(2)
502

(2)3799

체인 S 위에서
프렌치 넛 S(4)
3799

새틴 S(4)
648

체인 S 위에서
새틴 S(4)
3799

맨 위에
스트레이트 S(4)
3799

체인 S(2)
B5200

(6) 502

(6) 501

Acorn 도토리

Page.18

가을이 느껴지는 차분한 색감의 도토리는
울 실을 넉넉히 사용한 입체감 있는 도안입니다.

※ 지정 이외는 새틴 S(2).
※ S는 스티치의 약자, ( ) 안의 숫자는 실의 올 수, A가 붙는 색 번호는
   애플톤 울 실, 그 외는 DMC 25번 면실.

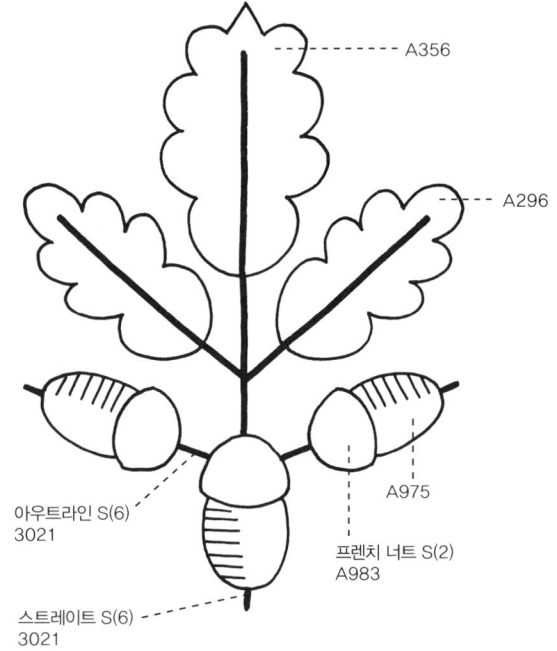

A356
A296
A975
아우트라인 S(6) 3021
프렌치 너트 S(2) A983
스트레이트 S(6) 3021

Flower tree 꽃나무

Page.19

큼직한 꽃이 핀 나무가 서 있는 겨울 풍경을
환상적으로 표현했습니다. 전체적으로
화려한 색감으로 바꾸면 다른 계절이 연출됩니다.
프레임 만드는 법은 64쪽을 참조하세요.

※ S는 스티치의 약자, ( ) 안의 숫자는 실의 올 수,
   A가 붙는 색 번호는 애플톤 울 실,
   그 외는 DMC 25번 면실.

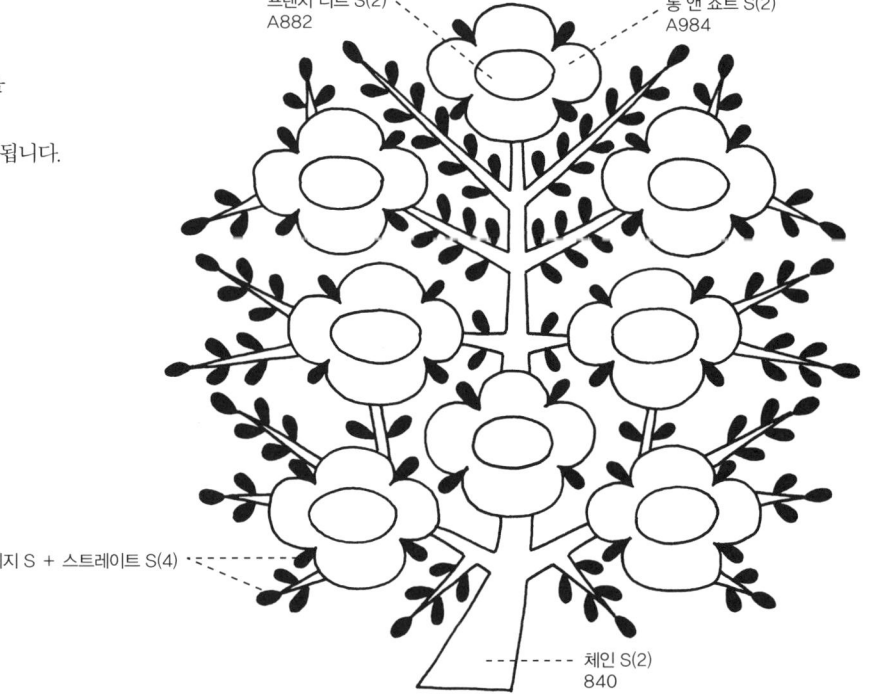

프렌치 너트 S(2) A882
롱 앤 쇼트 S(2) A984
레이지데이지 S + 스트레이트 S(4) 839
체인 S(2) 840

Hummingbird 벌새

Page.20

포근한 울 실로 아름다운 꽃밭에 날아온 작은 벌새를 표현했습니다.
오렌지색 꽃과 파란색 벌새의 색상 조합이 산뜻한 도안입니다.

※ 지정 이외는 실 2겹.
※ S는 스티치의 약자, ( ) 안의 숫자는 실의 올 수, A가 붙는 색 번호는 애플톤 울 실, 그 외는 DMC 25번 면실.

Rose and little daisy pattern 장미와 작은 데이지 무늬
Page.21

부드러운 울 실로 수놓은 장미와 작은 데이지의 연속무늬를 조합했습니다.
데이지는 좋아하는 색깔로 바꿔도 좋습니다. 천의 끝단 등에 수놓아 장식해보세요.

※ 지정 이외는 새틴 S(2).　※ 지정 이외는 실 2겹.
※ S는 스티치의 약자, ( ) 안의 숫자는 실의 올 수, A가 붙는 색 번호는 애플톤 울 실, 그 외는 DMC 25번 면실.

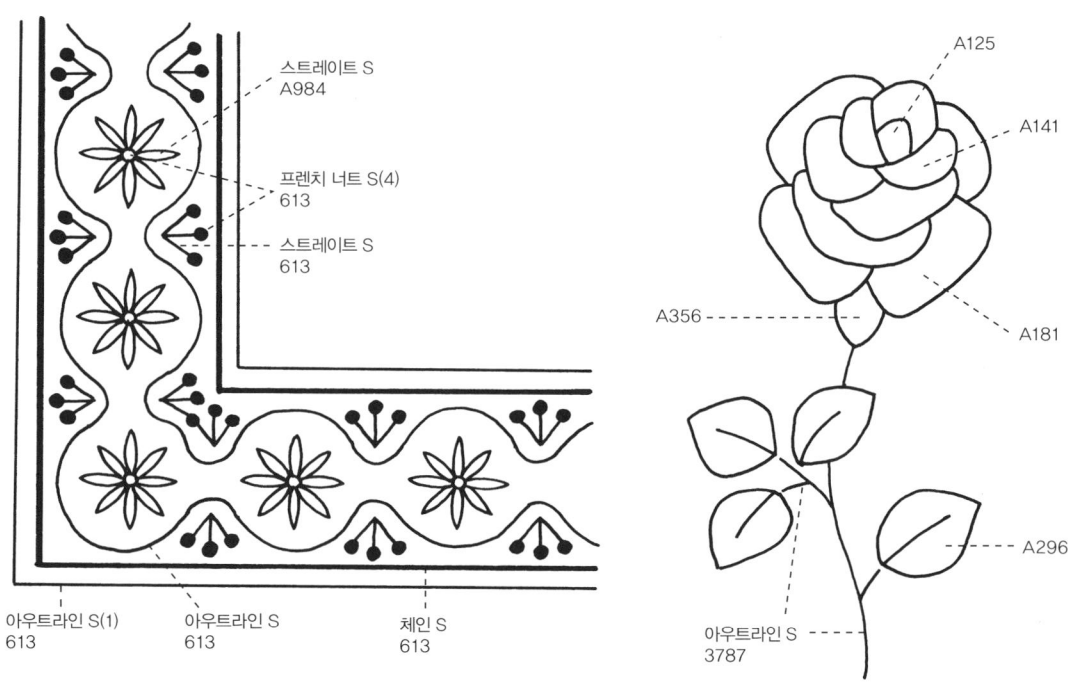

Poodle 푸들
Page.23

귀여운 푸들을 그레이 톤으로 수놓아 도회적인 느낌으로 완성했습니다.
2가지 색깔의 울 실을 혼합하여 곱슬곱슬한 푸들의 털을 표현했습니다.

※ 전부 실 2겹.
※ S는 스티치의 약자, A가 붙는 색 번호는 애플톤 울 실,
　 그 외는 DMC 25번 면실.

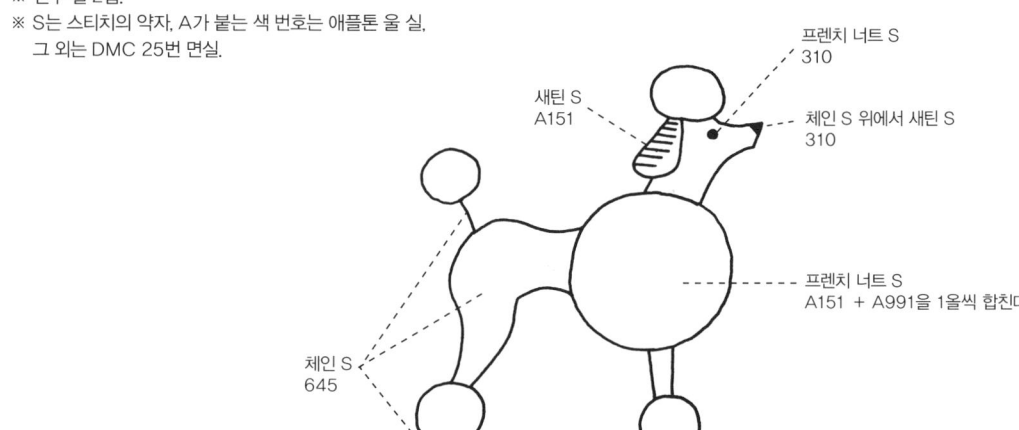

Red clover wreath 붉은 토끼풀 리스

Page.22

어릴 적 풀밭에서 만들었던 화환을 떠올리며 도안으로 만들었습니다.
꽃 부분은 울 실의 색깔을 혼합하여 입체감을 살리고, 다른 부분은 색감을 절제하여 꽃이 돋보이게 했습니다.

※ 줄기의 굵은 선은 아우트라인 S(4), 가는 선은 아우트라인 S(2).
※ 지정 이외는 실 2겹.
※ S는 스티치의 약자, ( ) 안의 숫자는 실의 올 수, A가 붙는 색 번호는 애플톤 울 실,
   그 외는 DMC 25번 면실.

Soft wind 산들바람

Page.24

시원한 바람을 타고 풀과 꽃이 날리는 모습을 표현했습니다.
6가지의 작은 열매와 솜털 씨앗, 나뭇가지, 잎사귀 등을 수놓아 꾸몄습니다.

※ 지정 이외는 아우트라인 S.
※ 지정 이외는 실 2겹.
※ S는 스티치의 약자, ( ) 안의 숫자는 실의 올 수, A가 붙는 색 번호는 애플톤 울 실, 그 외는 DMC 25번 면실.

Botanical garden ver. 14 colors

14 색을 이용한 식물원 Page.25, 26

다양한 풀꽃을 생동감 있게 배치한 화려한 도안입니다.
잎과 꽃의 색을 통일시키면 전혀 다르게 청초한 분위기로 바뀝니다.

◎ 25쪽 '식물원'에서는 흰색 실을 A882, 베이지색 실을 841, 녹색 실을 319로 한다.
※ 줄기의 굵은 선은 아우트라인 S(4), 가는 선은 아우트라인 S(2).
※ 지정 이외의 꽃잎은 롱 앤 쇼트 S(2).
※ 지정 이외는 실 2겹.
※ S는 스티치의 약자, ( ) 안의 숫자는 실의 올 수, A가 붙는 색 번호는 애플톤 울 실, 그 외는 DMC 25번 면실.

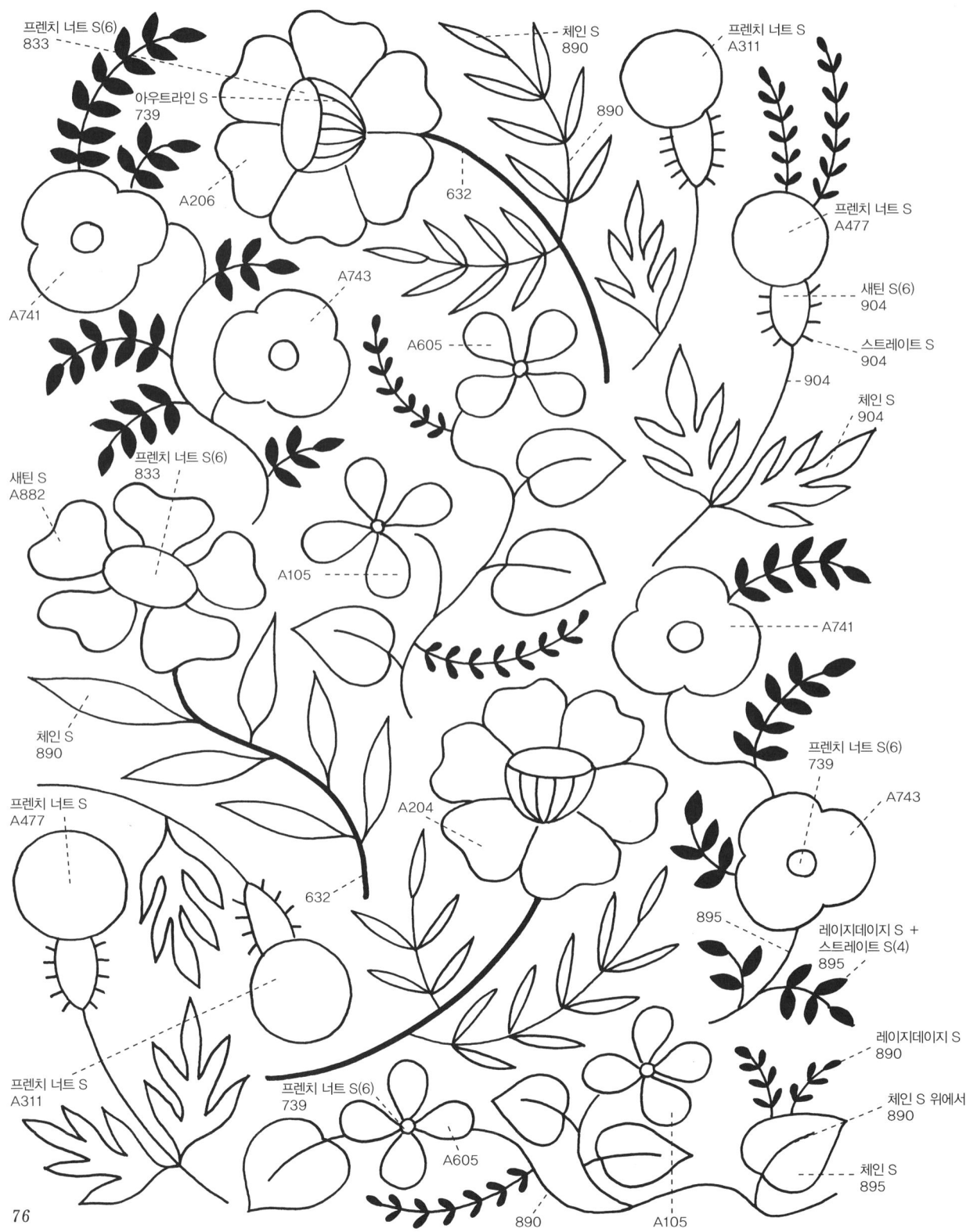

Little flower wreath 작은 꽃 리스

Page.29

검은색 천에 흰색 계열로 색을 자제한 부드러운 느낌의 꽃들을 수놓습니다.
섬세하고 촘촘한 스티치가 고요한 시간을 채워주는 화환입니다.
프레임 만드는 법은 64쪽을 참조하세요.

※ 지정 이외는 실 6겹.
※ S는 스티치의 약자, ( ) 안의 숫자는 실의 올 수.
　색 번호는 DMC 25번 면실.

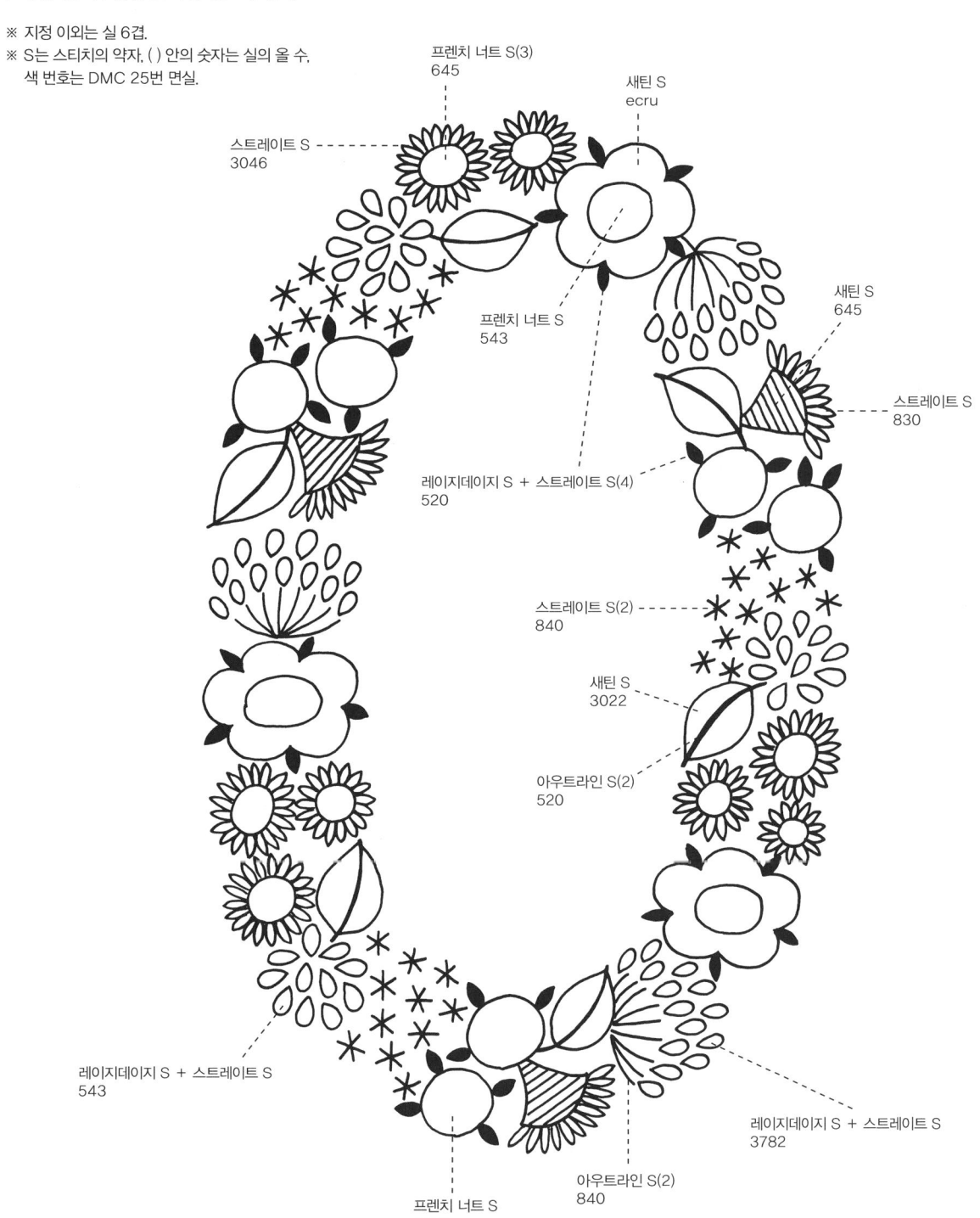

프렌치 너트 S(3)
645

새틴 S
ecru

스트레이트 S
3046

새틴 S
645

프렌치 너트 S
543

스트레이트 S
830

레이지데이지 S + 스트레이트 S(4)
520

스트레이트 S(2)
840

새틴 S
3022

아우트라인 S(2)
520

레이지데이지 S + 스트레이트 S
543

레이지데이지 S + 스트레이트 S
3782

프렌치 너트 S
ecru

아우트라인 S(2)
840

Moroccan blue 모로칸 블루
Page.30

모로코의 앤티크 타일에서 영감을 받아 물과 하늘의 이미지를 입체적으로 구성했습니다.
시원한 느낌의 도안으로 여름에 제격입니다.

◎ DMC 25번 면실 932
※ 지정 이외는 실 6겹.
※ S는 스티치의 약자, ( ) 안의 숫자는 실의 올 수.

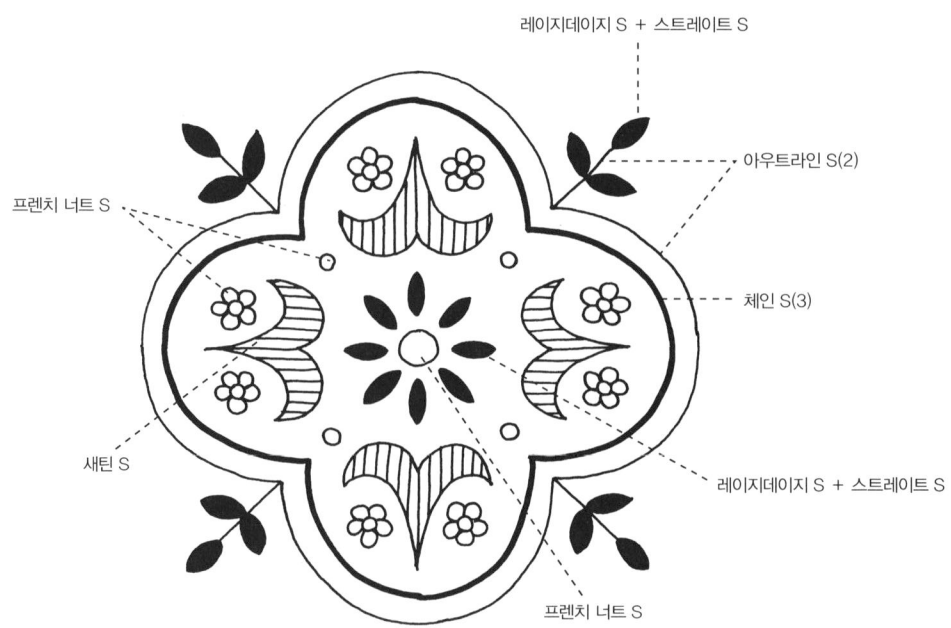

Mini bouquet 미니 부케
Page.36

작은 꽃들을 그래픽 느낌으로 배치한 부케 도안입니다.
보라색 계열의 부드럽고 은은한 색감이 매력적입니다.
포인트 삼아 단독으로 수놓아도 예쁘고,
넓은 면에 줄지어 무늬처럼 수놓아도 좋습니다.

※ 지정 이외는 체인 S(2).
※ 지정 이외는 실 2겹.
※ S는 스티치의 약자, ( ) 안의 숫자는 실의 올 수, 색 번호는 DMC 25번 면실.

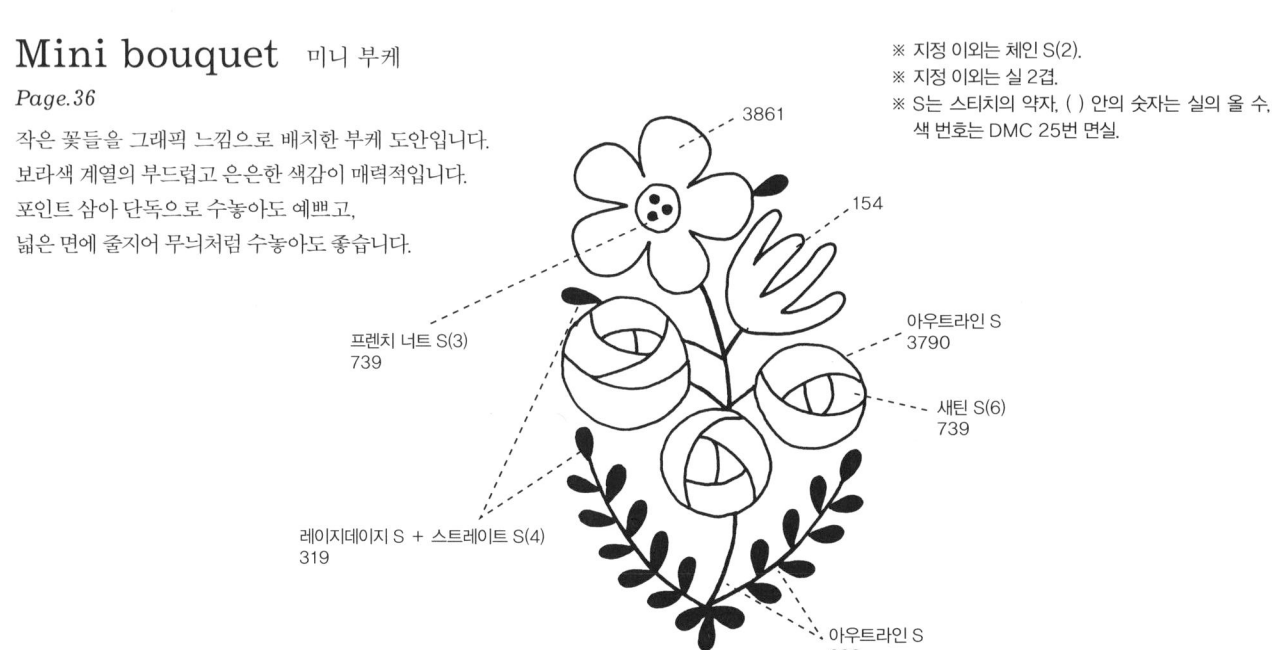

Summer grass 여름풀

Page.31

습기를 머금은 여름의 생생한 풀꽃. 꽃의 색깔을 절제해서 잎을 돋보이게 했습니다.

※ 줄기의 굵은 선은 아우트라인 S(4), 가는 선은 아우트라인 S(2).
※ 지정 이외는 실 2겹.
※ S는 스티치의 약자, ( ) 안의 숫자는 실의 올 수, 색 번호는 DMC 25번 면실.

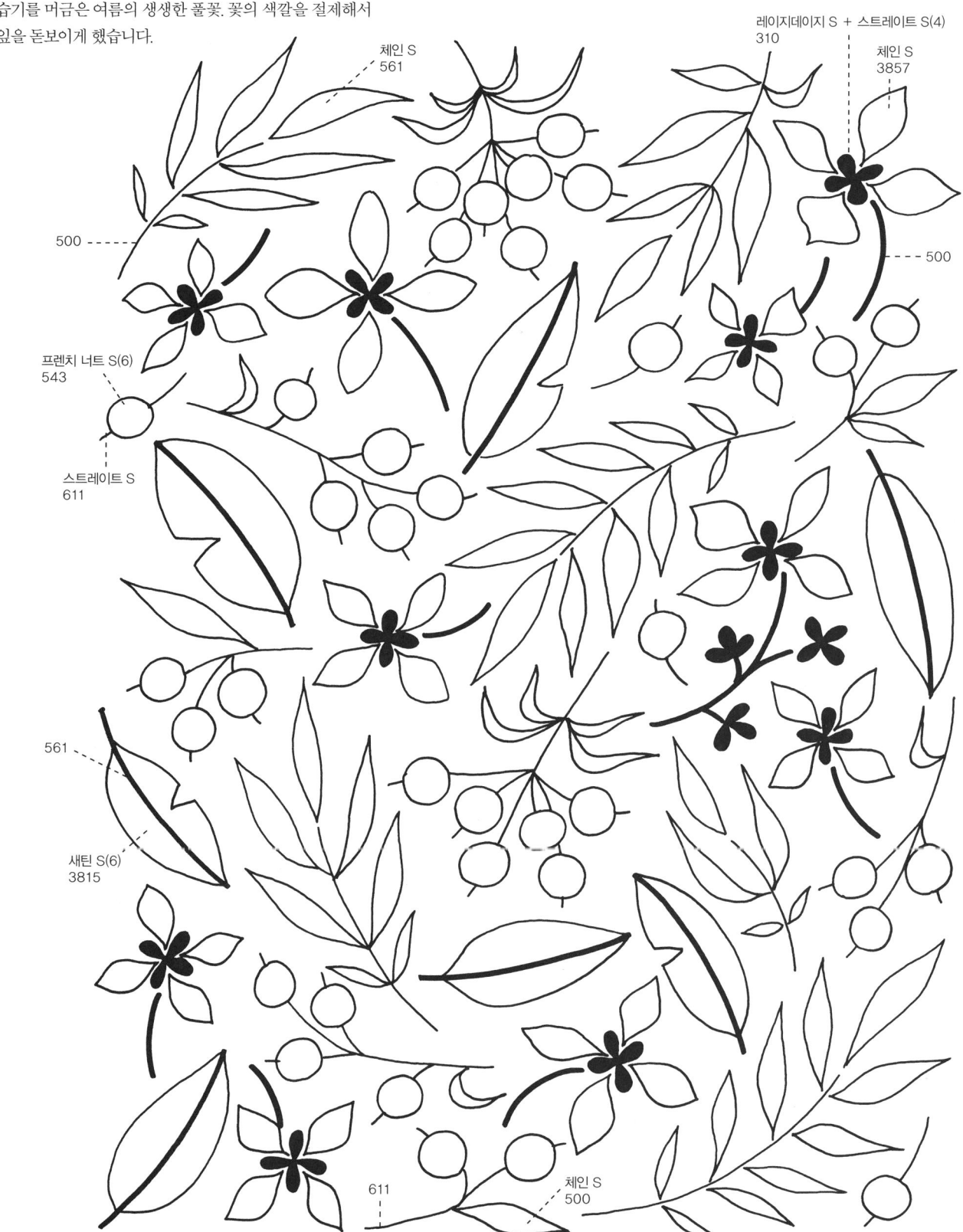

Square garland 스퀘어 갈런드

Page.32

다양한 표정의 꽃을 격자로 배치한 도안입니다.
반복하면 연속무늬가 됩니다.

※ 줄기의 굵은 선은 아우트라인 S(4), 가는 선은 아우트라인 S(2).
※ 지정 이외는 새틴 S(4).
※ 지정 이외는 실 4겹.
※ S는 스티치의 약자, ( ) 안의 숫자는 실의 올 수, 색 번호는 DMC 25번 면실.

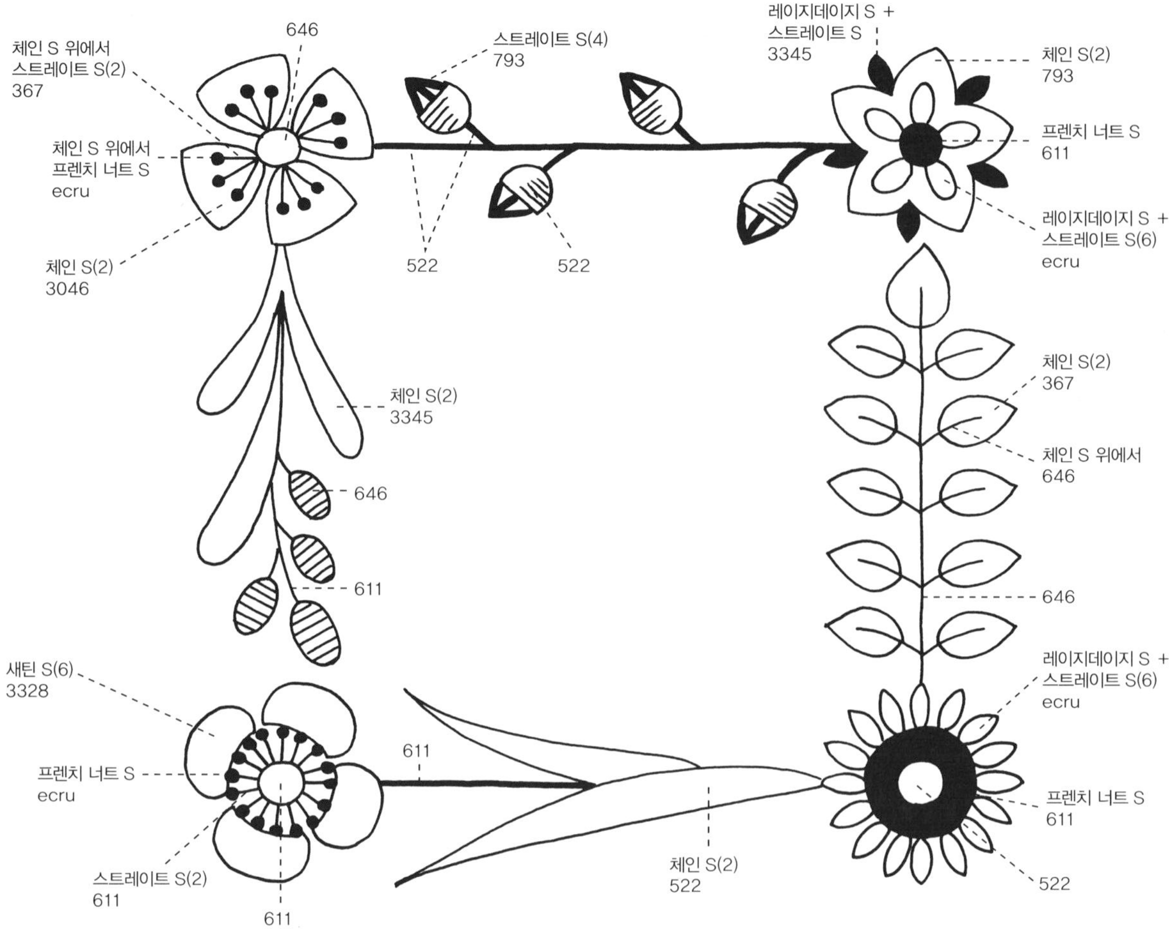

646
체인 S 위에서
스트레이트 S(2)
367
체인 S 위에서
프렌치 너트 S
ecru
체인 S(2)
3046
스트레이트 S(4)
793
522
522
레이지데이지 S +
스트레이트 S
3345
체인 S(2)
793
프렌치 너트 S
611
레이지데이지 S +
스트레이트 S(6)
ecru
체인 S(2)
3345
646
611
체인 S(2)
367
체인 S 위에서
646
646
새틴 S(6)
3328
프렌치 너트 S
ecru
스트레이트 S(2)
611
611
611
체인 S(2)
522
레이지데이지 S +
스트레이트 S(6)
ecru
프렌치 너트 S
611
522

Square garland wedding ring cushion 스퀘어 갈런드의 웨딩 링 쿠션

Page.33

【완성 크기】 14×14cm

【재료】
겉감: 리넨(흰색) 20×35cm
폭 0.6cm의 새틴 리본(흰색) 32cm
수예용 솜 적당량

【만드는 법】
1. 겉감 앞면에 오른쪽 그림에 나온 위치대로 도안을 옮겨 수를 놓고, 네 변에 시접 1cm를 더해 재단한다.

7cm
14cm
7cm
14cm

2. 겉과 겉이 맞닿게 반으로 접은 다음, 창구멍을 5cm 남기고 바느질한다.

바느질한다
겉감(뒤)
창구멍 5cm
1

3. 2의 바느질 선이 중앙에 오도록 접고 위아래의 끝을 각각 바느질한다. 창구멍으로 겉이 나오게 뒤집고 수예용 솜을 적당량 채워 넣은 다음, 창구멍을 감침질로 막는다. 중앙에 반으로 접은 리본을 바느질로 붙인다.

1cm
바느질한다
겉감
(뒤)
1cm

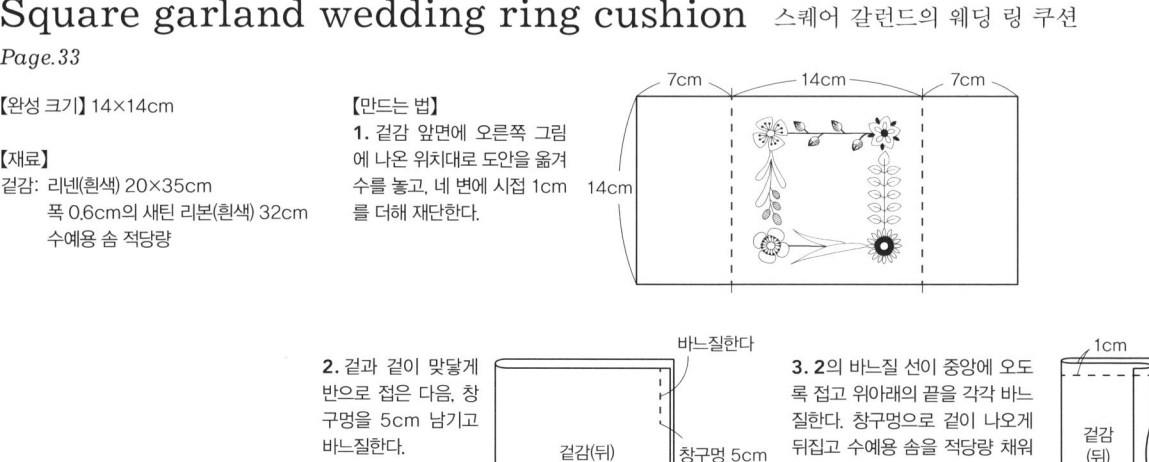

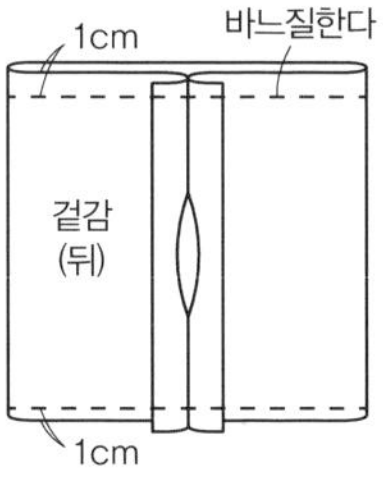

Floral lace pattern 꽃무늬 레이스 무늬

Page.34

앤티크 레이스에서 힌트를 얻어 촘촘하게 수놓아 메운 레이스 도안입니다.
블라우스 소매 등을 장식해도 좋습니다.

◎ DMC 25번 면실 355.
※ 지정 이외는 체인 S(3).
※ 지정 이외는 실 3겹.
※ S는 스티치의 약자, ( ) 안의 숫자는 실의 올 수.

Flower lace brooch 꽃무늬 레이스 무늬 브로치

Page.35

'꽃무늬 레이스 무늬'(81쪽)에서 마음에 드는 부분을 브로치 종이 본에 맞추어 잘라낸 다음, 브로치로 만들어봅니다.
브로치 만드는 법은 63쪽을 참조하세요.

◎ DMC 25번 면실 3866.
※ '꽃무늬 레이스 무늬'에서 마음에 드는 부분을 종이 본에 맞게 잘라내서 만듭니다.

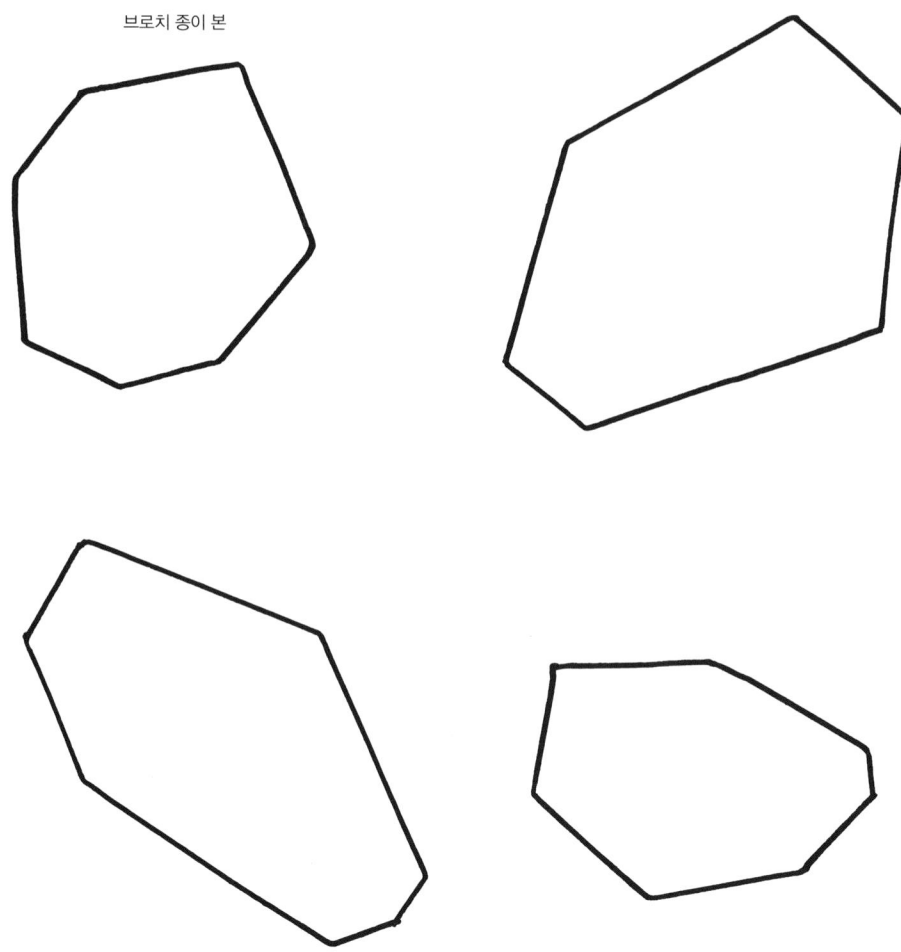

브로치 종이 본

Horse rider 말 타는 원주민

Page.37

깃털 장식을 쓴 인디언이 오도카니 말 위에 앉아 있는 모습이 재미있는 도안입니다.
액자에 넣거나 카드로 만들어도 좋습니다.

※ 지정 이외는 새틴 S(4).
※ 지정 이외는 실 4겹.
※ S는 스티치의 약자, ( ) 안의 숫자는 실의 올 수, 색 번호는 DMC 25번 면실.

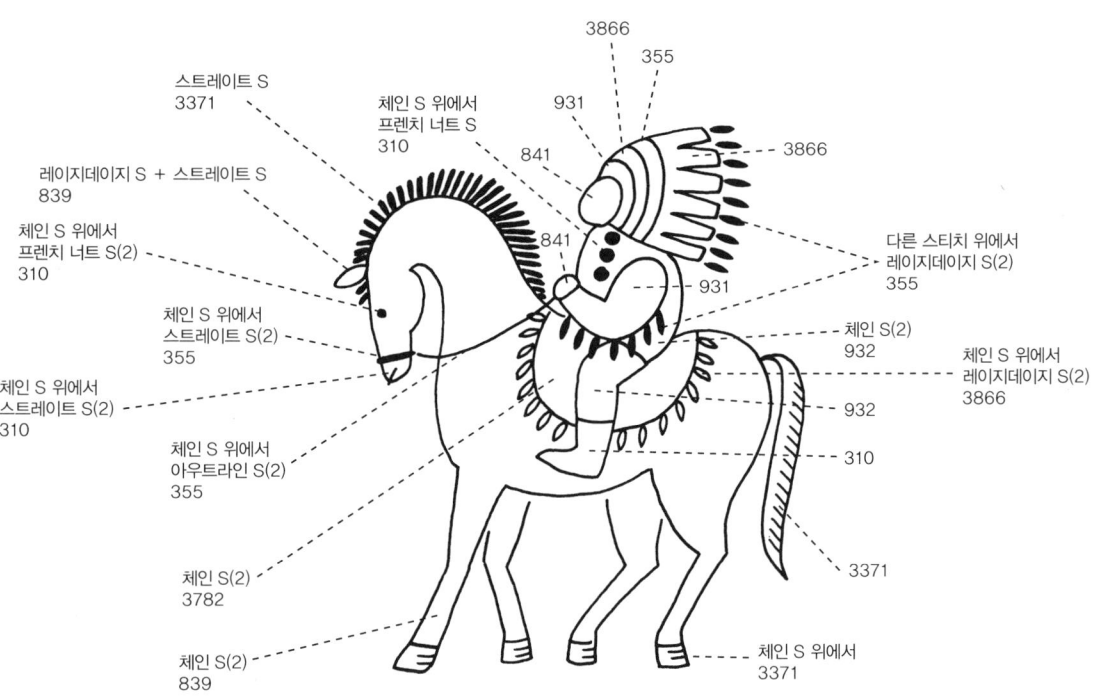

Modern flower 모던 플라워

Page.38

줄기가 긴 한 송이 꽃을 가득 배치한 도안입니다.
그레이를 기본으로 개성적인 색상 조합을 즐겨보세요.

※ S는 스티치의 약자. ( ) 안의 숫자는 실의 올 수. 색 번호는 DMC 25번 면실.

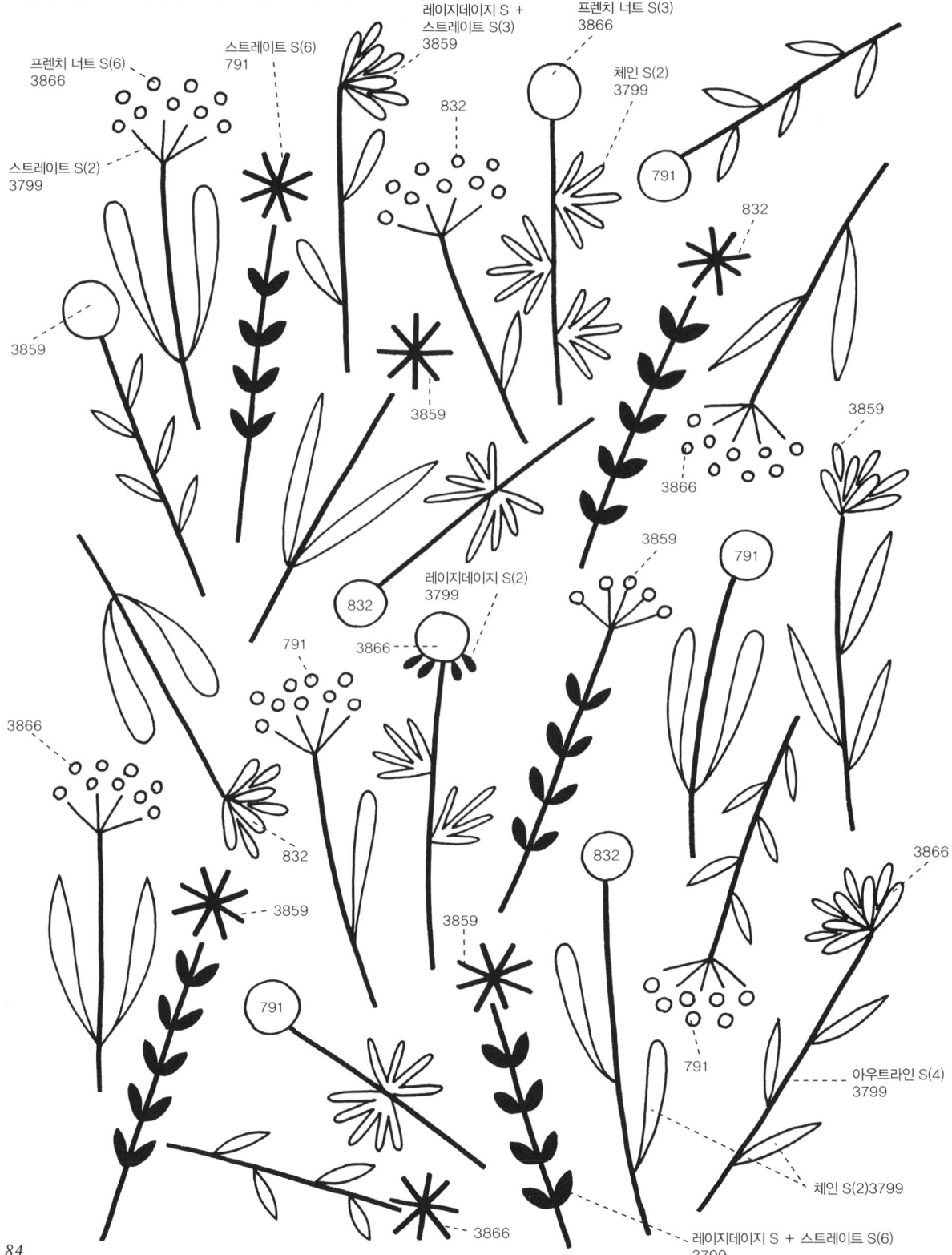

Little flower pattern 작은 꽃무늬

Page.41

핑크 계열의 달콤한 느낌을 주는 꽃에 금색 실로 포인트를 준 고급스러운 도안입니다.
천 색깔을 좋아하는 색으로 바꿔봐도 좋습니다.

※ 꽃잎은 롱 앤 쇼트 S(6).
※ 지정 이외는 실 2겹.
※ S는 스티치의 약자, ( ) 안의 숫자는 실의 올 수, D가 붙는 색 번호는 DMC 디아망 자수 실, 그 외는 DMC 25번 면실.

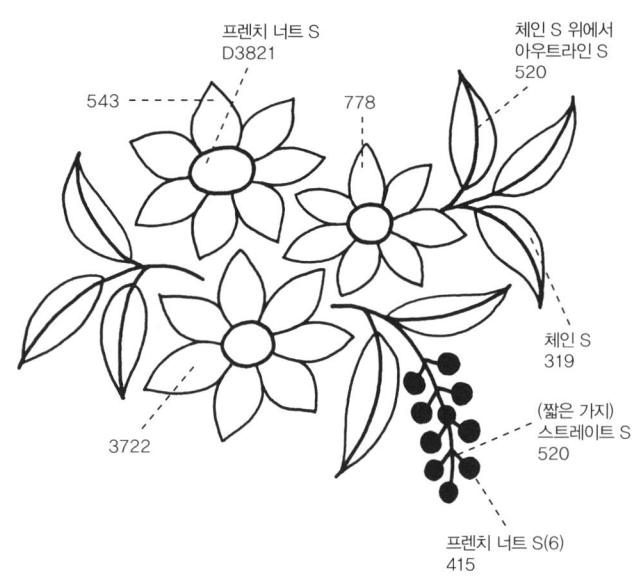

프렌치 너트 S D3821
체인 S 위에서 아웃라인 S 520
543
778
체인 S 319
(짧은 가지) 스트레이트 S 520
3722
프렌치 너트 S(6) 415

Floral tile pattern 꽃 타일 무늬

Page.42

작은 꽃에 금색 별모양을 곁들여 타일 느낌으로 표현한 도안입니다.
특히 크리스마스 시즌에 제격입니다. 모티프 간격을 벌려 넓은 면적에 배치해도 좋습니다.

※ 지정 이외의 굵은 선은 체인 S(2), 가는 선은 아웃라인 S(2).
※ 지정 이외는 실 2겹.
※ S는 스티치의 약자, ( ) 안의 숫자는 실의 올 수, D가 붙는 색 번호는 DMC 디아망 자수 실, 그 외는 DMC 25번 면실.

스트레이트 S D3821
ecru
ecru
레이지데이지 S + 스트레이트 S(6) ecru
프렌치 너트 S(6) ecru
스트레이트 S(2) ecru

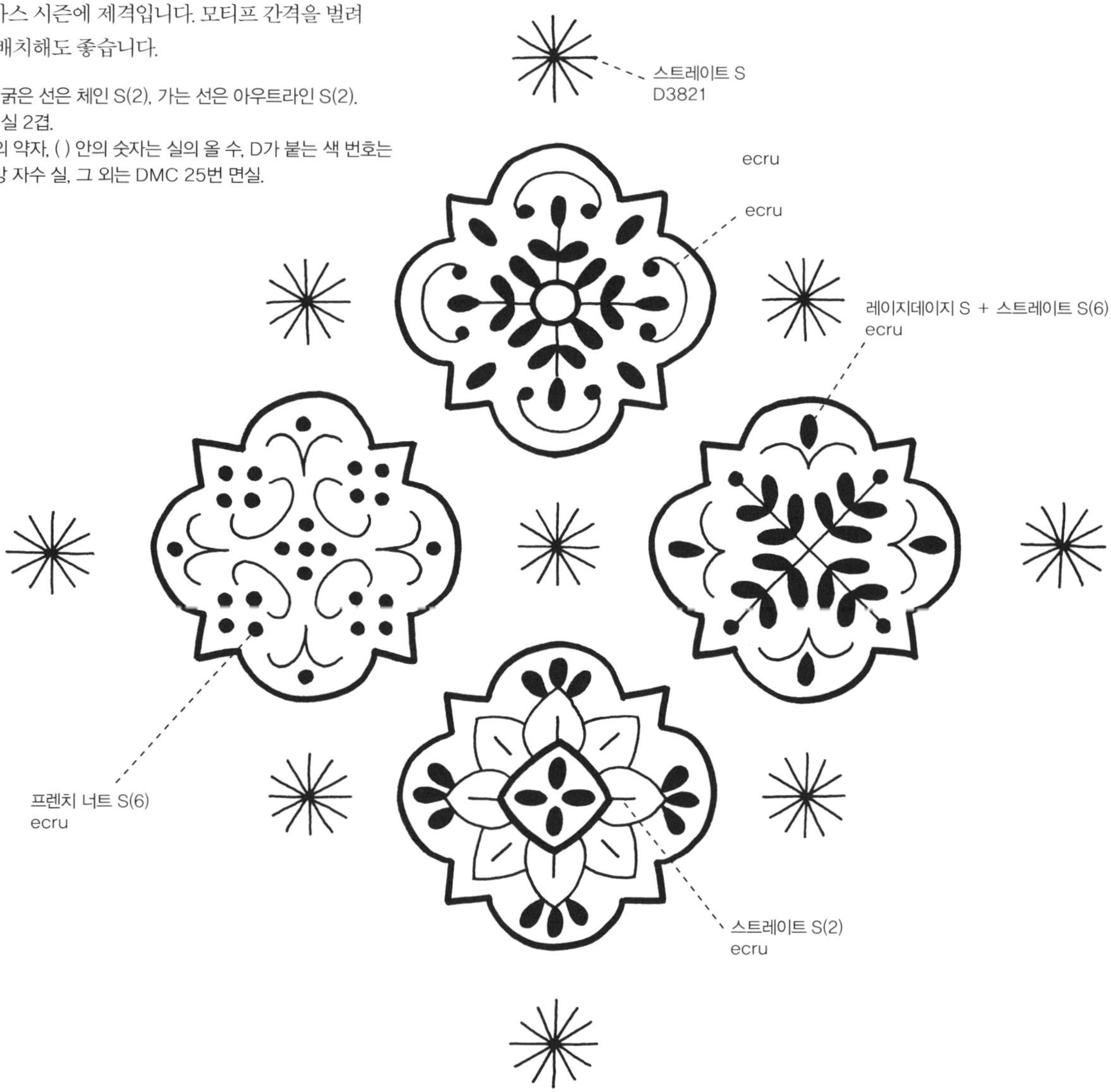

Butterfly brooch 나비 브로치

Page.43

금방이라도 날아갈 것 같은 나비에 테두리를 둘러 표본과도 같은 브로치로 만들었습니다.
살포시 가슴에 달아 장식해보면 어떨까요. 브로치 만드는 법은 63쪽을 참조하세요.

※ 지정 이외는 아웃라인 S(1).
※ S는 스티치의 약자, ( ) 안의 숫자는 실의 올 수. D가 붙는 색 번호는
DMC 디아망 자수 실, 그 외는 DMC 25번 면실.

Natural

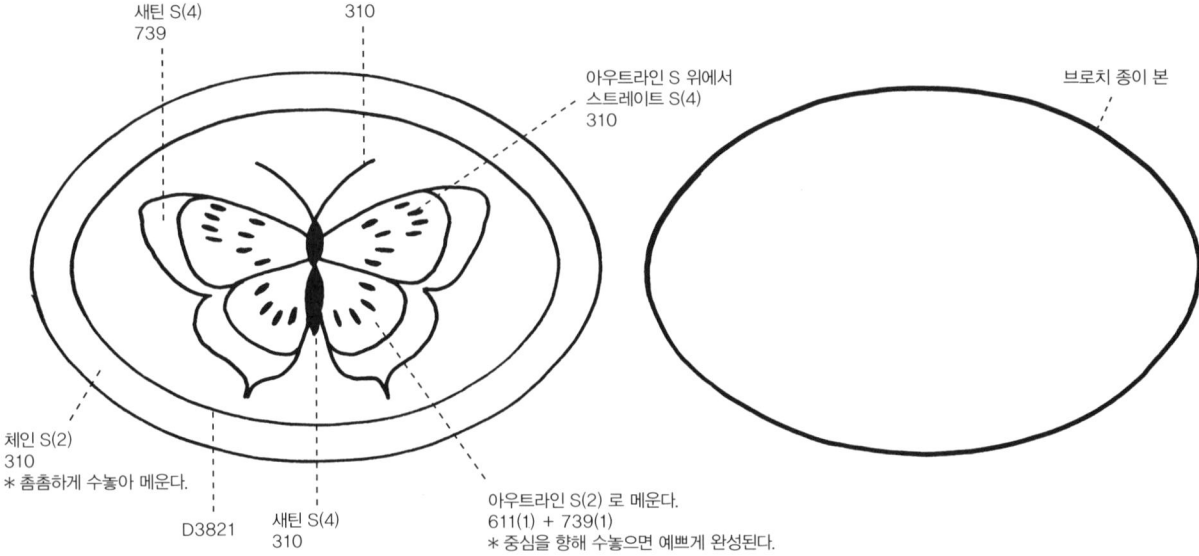

Blue

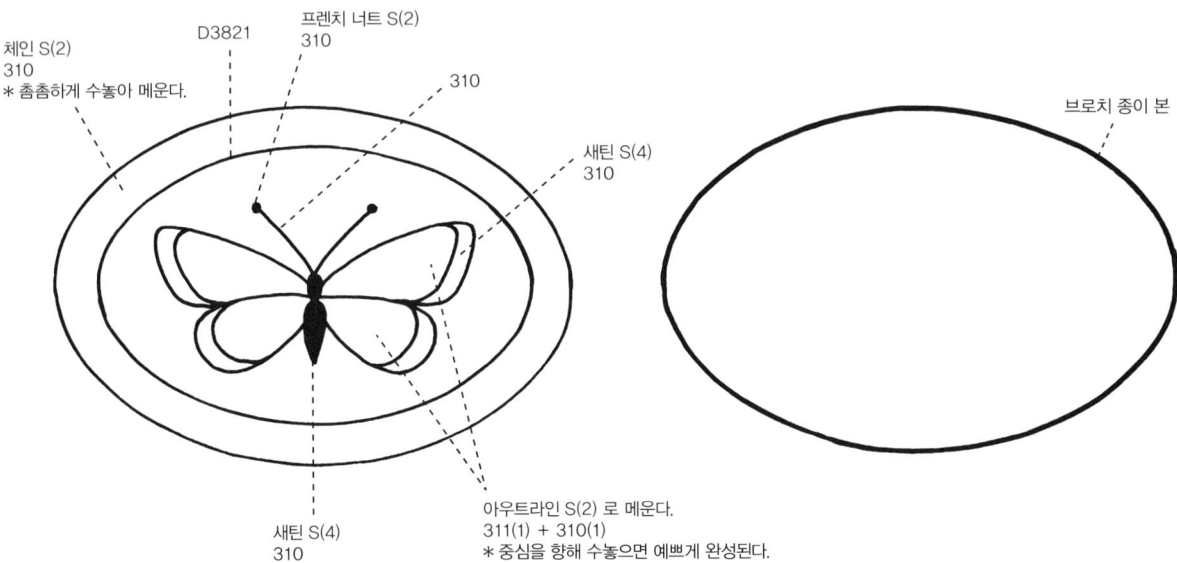

Flower branch brooch 꽃가지 브로치

Page.43

겨울의 시리도록 찬 공기가 느껴지는 꽃가지 브로치입니다.
부드러운 울 실과 단단함과 광택을 동시에 가진 라메 실의 조합이 신선한 도안입니다.
브로치 만드는 법은 63쪽을 참조하세요.

◎ 꽃잎 이외는 DMC 디아망 자수 실 D415.
※ 지정 이외는 실 1겹.
※ S는 스티치의 약자, ( ) 안의 숫자는 실의 올 수, A가 붙는 색 번호는 애플톤 울 실.

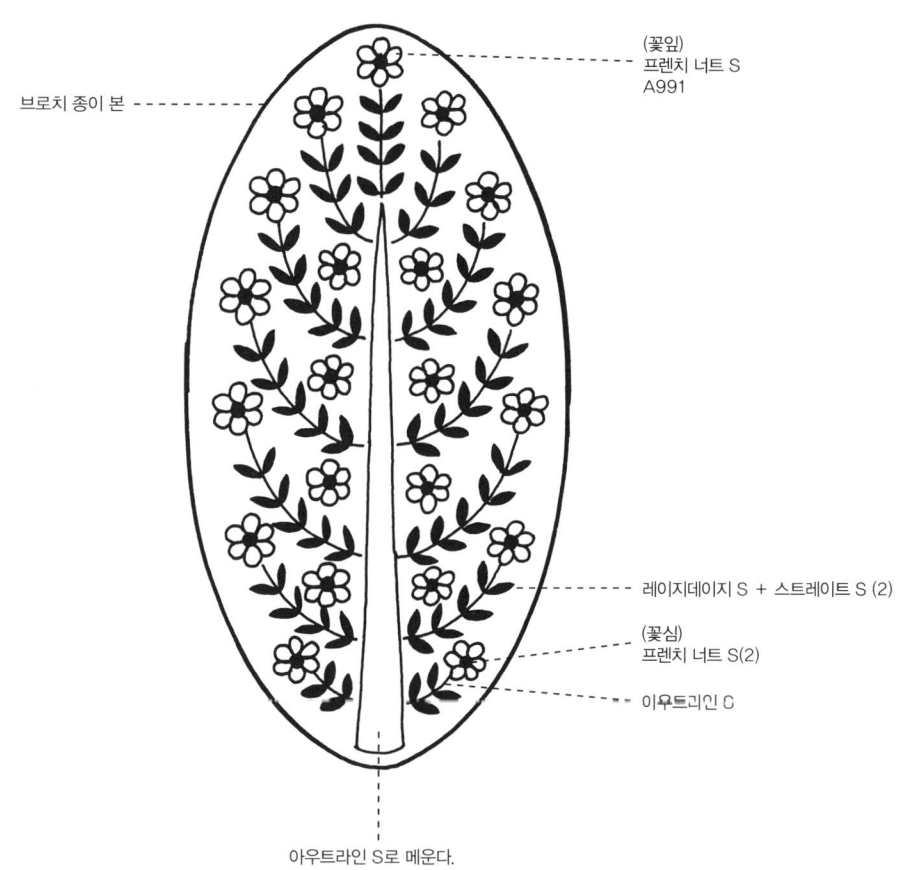

브로치 종이 본

(꽃잎) 프렌치 너트 S A991

레이지데이지 S + 스트레이트 S (2)

(꽃심) 프렌치 너트 S(2)

아우트라인 C

아우트라인 S로 메운다.

King of pigeons 비둘기 왕

Page.44

◎ DMC 디아망 자수 실 D3821.
◎ 45쪽 바부슈는 D310 사용.
※ 지정 이외의 굵은 선은 아웃라인 S(2), 가는 선은 아웃라인 S(1).

크게 날개를 펼친 비둘기 왕, 금색을 사용하여 어른스러운 분위기를 자아냅니다.
한 마리만으로도, 또 여러 마리를 줄지어 놓아도 근사한 단색 도안입니다.

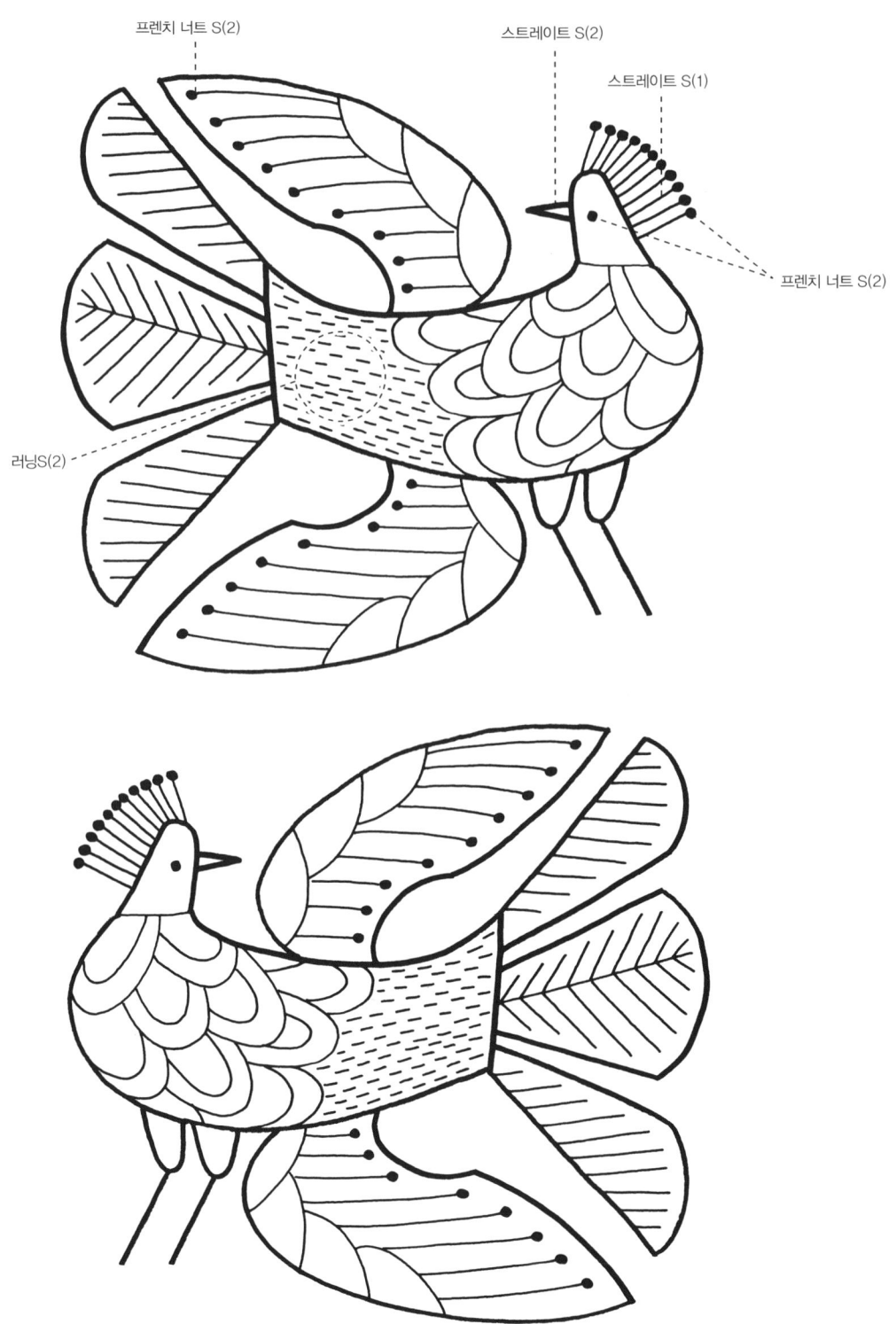

Funny flower pattern 재밌는 꽃무늬

Page.47

컬러풀한 꽃들을 마치 아이가 그린 그림처럼 유쾌하게 표현했습니다.
굵은 8번 자수 실은 개성 넘치는 도안에 잘 어울립니다.

※ 지정 이외는 체인 S(1).
※ S는 스티치의 약자, ( ) 안의 숫자는 실의 올 수.
　 C가 붙는 색 번호는 DMC 코튼 펄 8번 자수 실.

Humorous bird 익살스러운 새

Page.48

애교 넘치는 디자인의 새와 변형된 꽃이 유쾌한 디자인입니다.
체인 스티치로 메우는 도안이므로 수를 놓을 때 끈기가 필요합니다.

※ 지정 이외는 체인 S(1).
※ 지정 이외는 실 1겹.
※ S는 스티치의 약자, ( ) 안의 숫자는 실의 올 수,
   C가 붙는 색 번호는 DMC 코튼 펄 8번 자수 실.

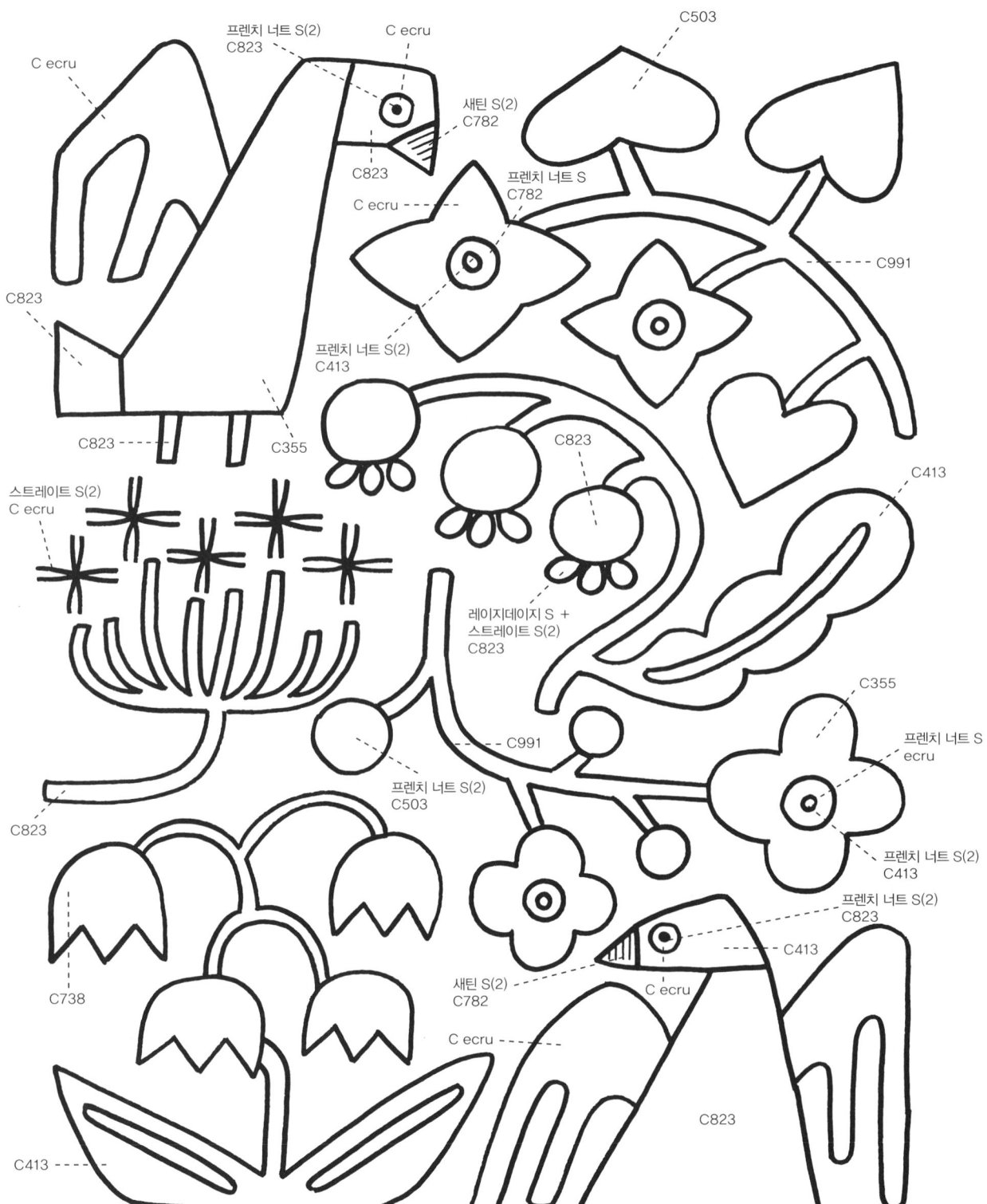

Coral pattern 산호 무늬

Page.50

알록달록한 산호를 수놓아 여름 분위기를 낸 도안입니다.
군데군데에 흰동가리가 숨어 있답니다.

※ 지정 이외는 체인 S(1).
※ 지정 이외는 실 1겹.
※ S는 스티치의 약자, ( ) 안의 숫자는 실의 올 수.
　C가 붙는 색 번호는 DMC 코튼 펄 8번 자수 실.

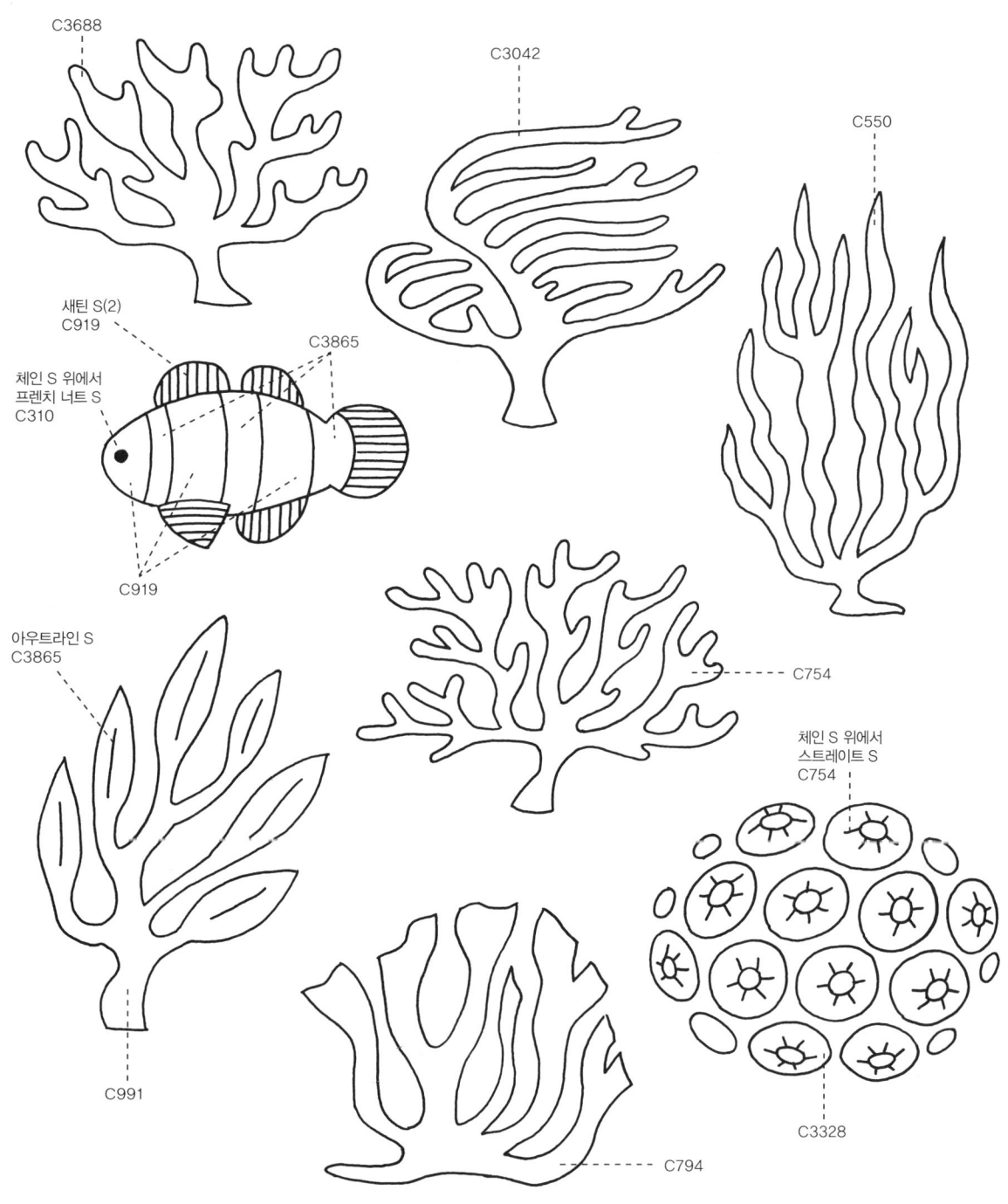

Coral forest 산호 숲

Page.51

'산호 무늬'의 산호 7가지와 흰동가리를 새롭게 디자인했습니다.
앞에 보이는 산호부터 뒤쪽을 향해 순서대로 수놓으면 작업이 수월합니다.
프레임 만드는 법은 64쪽을 참조하세요.

※ 지정 이외는 체인 S(1).
※ 지정 이외는 실 1겹.
※ S는 스티치의 약자, ( ) 안의 숫자는 실의 올 수.
　C가 붙는 색 번호는 DMC 코튼 펄 8번 자수 실.

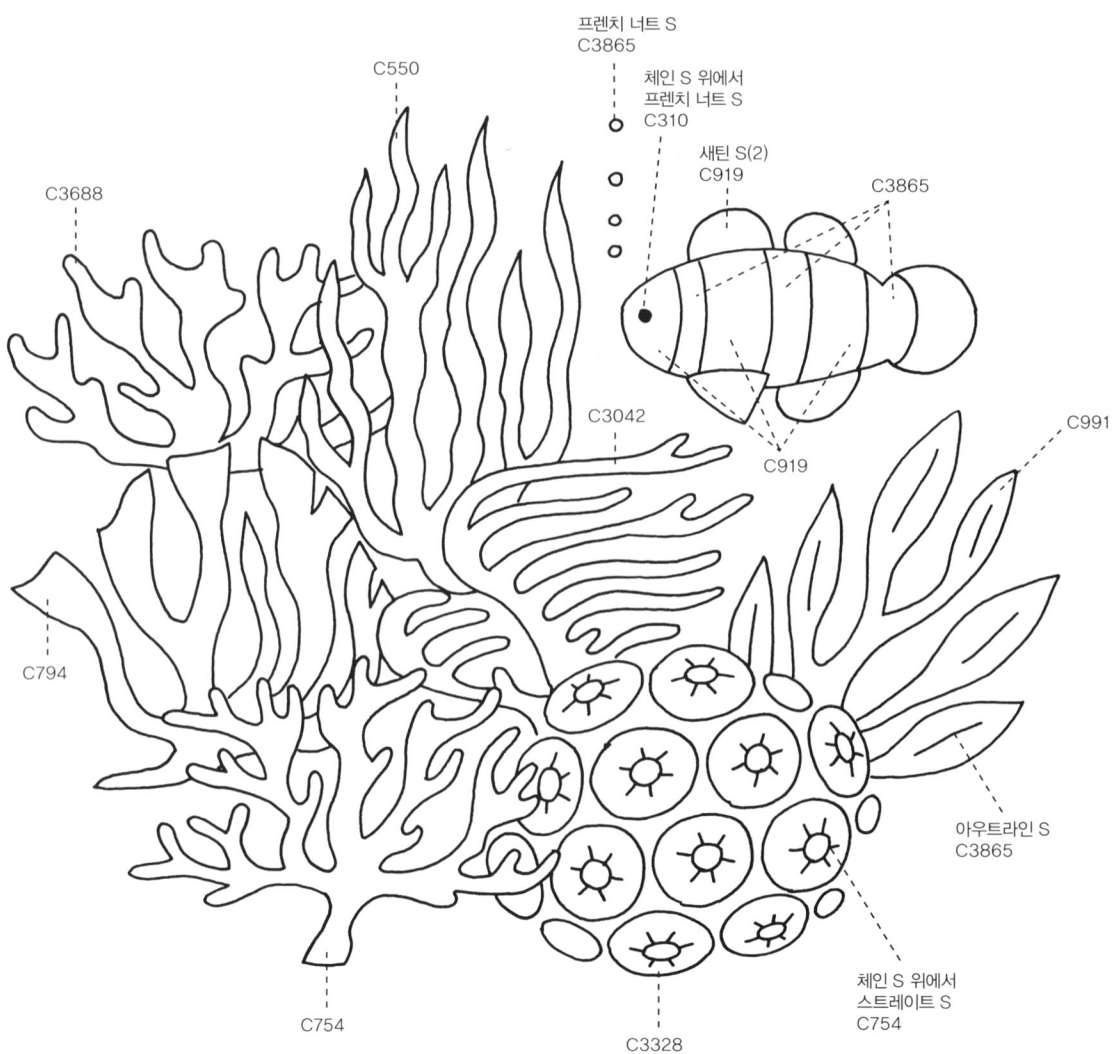

Paisley pattern 페이즐리 무늬

Page.52

어른스러운 페이즐리 모양을 통통한 형태의 연속무늬로 만들었습니다.
골드나 실버 라메 실로 바꾸어도 멋지게 완성됩니다.

◎ DMC 코튼 펄 8번 자수 실 C3033.
※ 지정 이외는 아우트라인 S(1).
※ 지정 이외는 실 1겹.
※ S는 스티치의 약자, ( ) 안의 숫자는 실의 올 수.

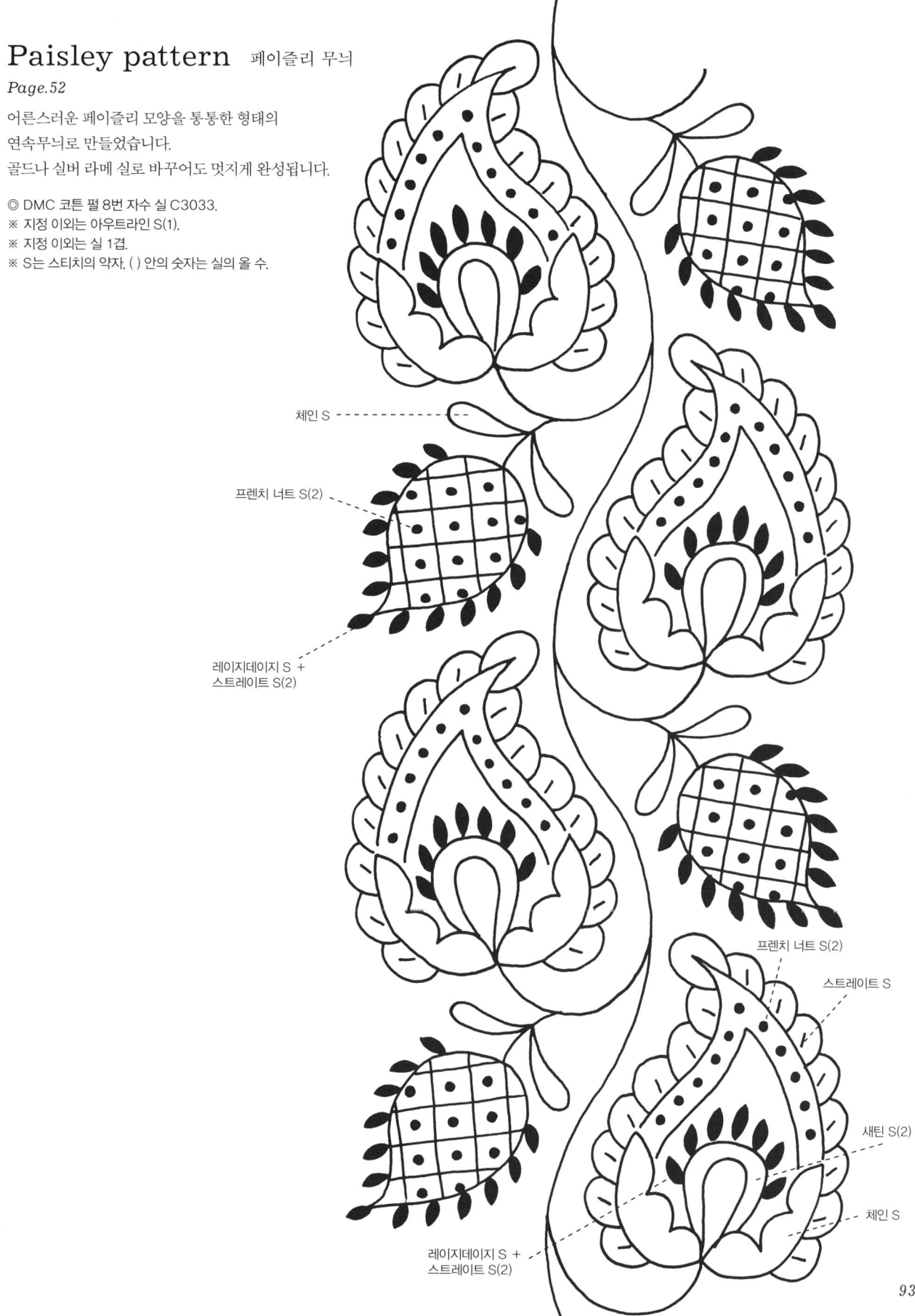

Indian SARASA pattern 인도 사라사 무늬

Page.53

인도의 사라사 무늬에서 힌트를 얻어 만든 이국적인 도안입니다.
갈색 빛이 도는 빨간색을 중심으로 경쾌하게 꾸몄습니다.

※ 지정 이외는 체인 S(1).
※ 지정 이외는 실 1겹.
※ S는 스티치의 약자, ( ) 안의 숫자는 실의 올 수,
C가 붙는 색 번호는 DMC 코튼 펄 8번 자수 실.

Flower rhythm 플라워 리듬

Page.54

심플한 꽃을 리듬감 있게 늘어놓아 만든 연속무늬입니다.
스티치의 종류도 적고 반복이 많아 초보들도 수놓기 쉬운 도안입니다.

※ 지정 이외는 체인 S(1).
※ 지정 이외는 실 1겹.
※ S는 스티치의 약자, ( ) 안의 숫자는 실의 올 수. C가 붙는 색 번호는 DMC 코튼 펄 8번 자수 실.

프렌치 너트 S(2)
C ecru

레이지데이지 S + 스트레이트 S(2)
C301

레이지데이지 S + 스트레이트 S(2)
C422

C794

C336

아우트라인 S
C ecru

HIGUCHI YUMIKO NO SHISHU JIKAN
Copyright © Yumiko Higuchi 2018
Korean translation rights arrangment with
EDUCATIONAL FOUNDATION BUNKA GAKUEN BUNKA PUBLISHING BUREAU
through Japna UNI Agency, Inc., Tokyo and BC Agency

이 책의 한국어판 저작권은 BC Agency를 통한 저작권자와의 독점 계약으로 한스미디어가 소유합니다.
저작권법에 의하여 한국 내에서 보호를 받는 저작물이므로 무단전재와 무단복제를 금합니다.

북 디자인	쓰카다 가나(ME&MIRACO)
촬영	가토 신사쿠
스타일링	마에다 가오리
헤어·메이크업	KOMAKI
모델	Adelaide Young(Sugar&Spice)
DTP	WADE 수예제작부
교열	무카이 마사코
편집	쓰치야 마리코(3Season), 니시모리 도모코(문화출판국)
발행인	오누마 스나오

히구치 유미코의 자수 시간

1판 1쇄 발행 | 2018년 7월 30일
1판 4쇄 발행 | 2020년 9월 28일

지은이 히구치 유미코
옮긴이 강수현
감 수 헬렌정
펴낸이 김기옥

실용본부장 박재성
편집 실용2팀 이나리, 손혜인
영업 김선주
커뮤니케이션 플래너 서지운
지원 고광현, 김형식, 임민진

디자인 제이알컴
인쇄 민언프린텍
제본 우성제본

펴낸곳 한스미디어(한즈미디어(주))
주소 121-839 서울시 마포구 양화로 11길 13(서교동, 강원빌딩 5층)
전화 02-707-0337 | 팩스 02-707-0198 | 홈페이지 www.hansmedia.com
출판신고번호 제 313-2003-227호 | 신고일자 2003년 6월 25일

ISBN 979-11-6007-297-6 13630

이 책은 저작권법에 따라 보호받는 저작물이므로 무단 전재와 무단 복제를 금지하며,
책의 전부 또는 일부를 이용하려면 반드시 저작권자와 한스미디어(주)의 서면 동의를 받아야 합니다.

책값은 뒤표지에 있습니다.
잘못 만들어진 책은 구입하신 서점에서 교환해드립니다.